Frutas Tropicales de Costa Rica

Tropical Fruits of Costa Rica

Tercera Edición / Third Edition

Frutas Tropicales de Costa Rica

Tropical Fruits of Costa Rica

Ellen Sancho
Marcia Baraona

Tercera Edición / Third Edition

Copyright © 2007 Ellen Sancho B. and Marcia Baraona C.
Photography: Ellen Sancho B.
Translation: Carlin Cockerell A. and Emilio Vargas M.

Third Edition: *Frutas Tropicales de Costa Rica/Tropical Fruits of Costa Rica*
Second edition published as *Frutas del Tropico/Fruits of the Tropics*, 1999

All rights reserved.

ISBN-10: 0-970-56786-3
ISBN-13: 978-0-9705678-6-4

Printed in China
10 9 8 7 6 5 4 3 2 1

Book design: Zona Creativa, S.A.
Designer: Gabriela Wattson

Published by Distribuidores Zona Tropical S.A.
www.zonatropical.net

Contenido / Contents

Prefacio / Foreward 7
Introducción / Introduction 9

Frutas / Fruits
Coco / Coconut 11
Pejibaye / Pejibaye 13
Piña / Pineapple 16
Banano y plátano / Banana & Plantain 18
Naranjilla / Naranjilla 21
Cocona / Cocona 23
Tomate de palo / Tree Tomato 24
Uchuba / Cape Gooseberry 25
Anona / Cherimoya 27
Guanábana / Soursop 29
Aguacate / Avocado 31
Icaco / Icaco 33
Zapote mechudo / Monkey-apple 35
Níspero del Japón / Loquat 37
Mora Vino / Blackberry 39
Manzana / Apple 41
Durazno Criollo Rojo / Red Ceylon Peach 43
Fresas / Strawberries 45
Carambola / Carambola 47
Mimbro / Mimbro 49
Cítricos / Citric Fruits 51
Matasano / Matasano 53
Mango / Mango 55
Marañón / Cashew 57
Jocote / Purple (or Red) Mombin 59
Yuplón / Ambarella 61
Mamón / Mamon 63
Mamón chino / Rambutan 65
Lichi / Lichi 67
Seso vegetal / Akee 69
Mangostán / Mangosteen 71
Mamey / Mamey 73
Madroño / Madroño 75

Granadilla / Sweet Granadilla 77
Granada real / Giant Granadilla 79
Maracuyá / Purple (or Yellow) Passion Fruit 81
Papaya / Papaya 83
Papayuela / Mountain Papaya 85
Babaco / Babaco 87
Guayaba / Guava 88
Arazá / Arazá 90
Cas / Cas 91
Lilly-pilly / Lilly-pilly 93
Guayaba rosa / Rose Guava 94
Pitanga / Pitanga 95
Manzana de agua / Malay Apple 97
Manzana rosa / Rose Apple 99
Jaboticabas / Jaboticabas 101
Zapote / Sapote 103
Níspero zapote / Sapodilla Medlar 105
Caimito / Star Apple 107
Fruta milagrosa / Miraculous Fruit 109
Granada / Pomegranate 111
Macadamia / Macadamia 113
Pitaya / Pitaya 114
Tuna / Tuna 116
Zapote amarillo / Chupa-Chupa 118
Higo / Fig 120
Fruta de pan / Breadfruit 122
Cacao / Cacao 124
Mabolo / Mabolo 127
Nance / Nanzi 129
Tamarindo / Tamarind 131
Guabas / Guabas 133
Noni / Noni 135
Uvas / Grapes 137

Bibliografía / Bibliography 140
Indice visual / Visual Index 141
Índice de nombres en español / Spanish Names Index 146
English Names Index / Índice de nombres en ingles 149
Índice de nombres científicos / Scientific Name Index 151

Prefacio
Tercera edición

En esta tercera edición de "Frutas Tropicales de Costa Rica," aumentamos de 60 a 65 el número de especies reseñadas, incluyendo sus respectivas láminas en color. La traducción se ha hecho teniendo en mente a los visitantes extranjeros que vienen al país, quienes proviniendo de otras latitudes, probablemente desconozcan la gran variedad de frutas de los trópicos. Además de las fotografías originales, de cada una de las frutas incluidas se ofrece una breve reseña de sus cualidades nutritivas, las formas usuales de consumo y la situación del cultivo en el país. Las flores y hojas que acompañan al fruto en la fotografía no necesariamente pertenecen al frutal respectivo.

La gran diversidad de climas y suelos de Costa Rica permite producir frutas tales como la manzana "Ana" (de origen Israelí) en sus frescas altiplanicies, o la fruta de pan originaria de Malasia, en las cálidas y húmedas regiones de la vertiente del Caribe.

Durante la última década, la fruticultura –especialmente orientada a la exportación– ha tenido un gran desarrollo en Costa Rica. Además de los cultivos tradicionales de banano, café y coco, el país es exportador de

Foreword
Third Edition

In this third edition of *Tropical Fruits of Costa Rica*, we have added five new fruits (for a total of 65), all presented in an attractive, new design.

The description of each fruit includes information about nutritional qualities, how the fruit is generally eaten, and manner of cultivation, in addition to at least one photograph. (Please note that the flowers and leaves that appear in many photographs are often mere adornment and do not belong to the respective fruit tree.)

In Costa Rica, a country of mountains and valleys with a great diversity of climates and soils, it is possible to grow a wide range of fruits, including, for example, "Ana," an apple variety native to Israel that grows in the cool highlands of Costa Rica, and breadfruit (native to Malaysia), which is cultivated in the warm, humid Caribbean region of the country.

In the last decade in Costa Rica, fruit-growing has become highly developed, especially on farms that grow fruit for exportation. Aside from the traditional fruit export items such as banana, coffee, and coconut, Costa Rica also exports fruits such as pineapple, mango, macadamia nut, and

frutas como piña, mango, macadamia y melón, y de productos tales como jugos concentrados y congelados de naranja, piña y maracuyá, y conservas de "palmitos" (o brotes) de la palmera del pejibaye.

Queremos agradecer la revisión y las sugerencias que hizo a la segunda y tercera edición el profesor y eminente botánico Luis J. Poveda y a Pablo E. Sánchez por su generosa colaboración en la clasificación taxonómica.

Ellen Sancho
Marcia Baraona

melon, as well as the concentrated and frozen juices of orange, pineapple and maracuya (yellow passion fruit). It also exports "palmitos" (heart of palm), which are the new shoots of the pejibaye palm tree.

We wish to thank professor and eminent botanist Luis J. Poveda for the helpful suggestions he made in regard to the second and third editions of this book. Thanks also go to Pablo E. Sánchez for help with taxonomical classification.

Ellen Sancho
Marcia Baraona

Introducción

Solo algunas frutas de la América tropical estuvieron presentes en los episodios mayores del "intercambio colombino", ese proceso de mutuas transferencias entre el Viejo y el Nuevo Mundo. Los cultivos protagonistas de dicho intercambio fueron el maíz, el trigo y el arroz, el cacao y el café, la yuca, el camote y los ñames. Aquellos de origen americano (maíz, cacao, yuca y camotes), junto a la papa y el tomate, transformaron, eventualmente, la dieta y la economía del Viejo Mundo.

Pese al gran potencial de las frutas tropicales, nuestros aportes significativos fueron escasos: piña, aguacate y papaya. Por otro lado, de este intercambio recibimos el mango, los bananos, los plátanos y los cítricos, por citar solo a los más importantes. Virtualmente todos los cultivos de este grupo, americanos o introducidos, fueron incorporados tempranamente a una economía de plantaciones comerciales y al mercado mundial.

Otros aportes del Viejo Mundo provenientes de la ulterior expansión colonizadora europea –tales como el tamarindo, la macadamia, la fruta del pan, junto a nuestras anonas, la guayaba, el marañón (cajú) y algunas pasifloras-, ocupan una posición intermedia

Introduction

Relatively few tropical fruits were sent from the Americas to Europe during the major episodes of what historians call the Columbian interchange, a process of mutal transference between the New and Old Worlds. Among the main crops that were exchanged (in either direction), few were fruits: corn, wheat, and rice; cacao and coffee; yucca, sweet potato, and yams. Nevertheless, those crops that did originate in the New World—corn, cacao, yucca, sweet potato, potato, and tomato—eventually transformed the diet and the economy of the Old World.

Some important tropical fruits that were carried to the Old World are pineapple, avocado, and papaya. The Americas, in turn, received the mango, the banana, and citrus fruits. Whatever their origin, fruits that were exchanged during the Columbian interchange soon began to appear in commercial plantations and markets in many parts of the world.

During later periods of European colonization of the Americas, new fruits arrived to the New World, including tamarind, breadfruit, and the macadamia nut; during that time, the Americas, in turn, sent cherimoya, guava, cashew, and the passion fruit to the Old World. Although few of

y tienen una presencia creciente en los mercados y en la agroindustria (jugos y otros preparados).

Pero existen cientos de otras especies frutales que son apenas conocidas fuera de su área de producción. Digamos algo sobre ellas, puesto que ofrecen al visitante oportunidades para sorpresas e, incluso, descubrimientos. Estas frutas que llenan de colores y aromas los mercados locales de la América tropical, son habitualmente producidas, junto a muchas otras especies vegetales, en nuestros huertos campesinos. Estos vergeles, dignos de ser visitados, constituyen notables ejemplos de manejo ecológico y topológico del espacio, de la temperatura, la luz, la sombra y la humedad; con nichos asignados a las exigencias de cada elemento del policultivo: lianas, arbustos, árboles y especies herbáceas.

Apreciado lector, estas frutas no pretenden ser de impecable aspecto, uniforme u homogéneo, pues el productor las selecciona sin otro criterio que su sabor, tal como lo hicieron sus propios abuelos. Recorra este libro, aprenda a conocerlas y admírelas en los mercados campesinos. No deje de probarlas.

Rafael Baraona

these fruits are today as popular as, say, the papaya, they are all frequently found in modern markets, and they are increasingly used in agro-industrial production—often in juices and other processed products.

Interestingly, hundreds of other varieties of tropical fruits are still scarcely known outside of the regions where they are grown. These fruits, many of them delicious, are on colorful display at the local markets of tropical countries in the Americas. A lot of these fruits, together with many interesting vegetables, are grown in small country gardens in Costa Rica. These gardens, which merit a visit, stand out as positive examples of sound ecological management, with specific areas assigned to the requirements of each element of this diversified farming: vines, shrubs, trees, and various species of herbs.

The reader will note that many of the fruits that appear in the photographs of this book are not blemish free, nor are they otherwise perfect examples of their kind: the authors chose them for taste not appearance, just as their grandparents did. We hope that as you browse through this book, you will learn to recognize and appreciate the many wonderful fruits to be found in Costa Rica. Be sure to taste them!

Rafael Baraona

Cocos nucifera
Arecaceae (familia/family)

Coco, Pipa

Los cocoteros son plantas que se han dispersado por todos los litorales debido a la capacidad de sus frutas de flotar y transportarse a largas distancias en los mares. En Costa Rica se encuentran principalmente en las playas del Caribe, donde crecen en forma natural. Se citan más de 400 usos para esta planta. En las orillas de las principales carreteras y en todas las playas se puede disfrutar de "agua de pipa" fría. Es recomendable que la abran en su presencia, de ese modo se tendrá una bebida limpia y fresca, excelente para el calor tropical por su alto contenido en sales minerales, recomendadas para prevenir la deshidratación.

La "pipa" es el fruto verde; el coco, en cambio, es el fruto maduro, rico en aceites, proteínas y carbohidratos; se compra en mercados y fruterías. Para partirlo hay que buscar los tres ojos que se encuentran en un extremo; con un cuchillo de punta afilada se abre el que está taponado con tejido suave (es por donde germina esta semilla gigante); luego por este hueco se saca el líquido y, por último, se sopla fuertemente y se tira al suelo; de este modo el coco se parte limpiamente por la mitad.

Plantación de cocoteros. *Coconut plantation*.

"Pipa de coco" cortada para beber su "leche". *A cut, unripe coconut ready to drink.*

Coconut

Coconut palms are found on most tropical shores, which is their natural habitat—the fruits can float and travel long distances over the ocean, and this plant is thus very cosmopolitan. In Costa Rica coconut palms are found principally along the beaches of the Caribbean coast.

Along highways and on beaches, vendors offer deliciously cool coconut water (*agua de pipa*). If you want to buy a coconut, ask the vendor to open it in front of you to ensure that the coconut water is fresh and clean. Besides being tasty, coconut water, which has a high mineral-salt content, helps stave off dehydration.

The word *pipa* refers to the unripened coconut. You can buy ripe coconuts, which are rich in oils, proteins, and carbohydrates, at local markets and fruit stands. To open a coconut, locate the three indentations or eyes at one end of the fruit and, with a sharp knife, open the eye that is covered by soft tissue (the germination point of this huge seed); then pour out the liquid and, after blowing strongly into the opening, throw the coconut down on a hard surface to split it in half.

Four hundred different uses for this plant have been recorded.

Bactris gasipaes
Arecaceae (familia/family)

Pejibaye (chontaduro)

El pejibaye es producido por una palmera originaria de América tropical y sus frutas son muy apetecidas, desde tiempos remotos, por la población indígena. Cocinado con agua y sal es rico en calorías y nutrientes (vitamina A); una vez pelado se consume frío, generalmente partido por la mitad y relleno con mayonesa. Cuando el objetivo de producción es el "palmito", la palmera no se deja crecer y los palmitos se obtienen de los brotes que continuamente nacen en la parte basal. Estos palmitos son de muy buena calidad, y Costa Rica fue el primer país en producirlos intensivamente. En otras regiones el palmito se obtiene de diferentes palmeras silvestres. En almacenes y mercados se pueden adquirir palmitos frescos en bolsas plásticas. Cocinado con agua y

Fruto, tallo de palmito sin pelar, palmito pelado y frutos de pejibaye cocinados sin cáscara y con mayonesa. *Pejibaye fruit, unpeeled heart palm, peeled heart palm, and cooked pejibaye (with mayonnaise).*

Plantación de pejibaye para producción de palmito. *Pejibaye planted for production of heart palm.*

sal es excelente para ensaladas. Además hay una gran diversidad de marcas de conservas en *pulperías* y supermercados, muchas de las cuales también se exportan a diversos países, principalmente a Francia y Estados Unidos.

Pejibaye (peach palm)

Pejibaye is the fruit of a palm that originated in tropical America. From earliest times, it constituted one of the preferred staples of indigenous populations. It is rich in calories and nutrients (e.g., vitamin A).

To prepare pejibaye, boil in salted water. Peel before serving. It is generally eaten cold, cut in half and served with mayonnaise.

Another edible part of this plant is the heart of palm (*palmito*), which is obtained from the new shoots that grow at the base of the palm. The heart of palm produced in Costa Rica is of particularly high quality. Indeed, this country was the first to begin intensive cultivation of the crop (in other countries, heart of palm is obtained from several wild palm species). Heart of palm is exported to a number of countries, including the United States and France. In Costa Rica, heart of palm is sold fresh (in plastic bags) in stores and supermarkets. It is boiled in salted water before serving and it is excellent in salads.

Flor del árbol de pejibaye y racimo con algunos frutos. *Pejibaye flower and fruits*.

Ananas comosus
Bromeliaceae (familia/family)

Piña. *Pineapple*.

Piña

De las frutas originarias de la América tropical, la piña es, quizás, la más fina. Fue llevada por los españoles a Europa y se cultivó en invernaderos para deleite de la realeza europea. Con el desarrollo del transporte y de los sistemas de conservación, comenzó a tomar auge como cultivo comercial en las regiones tropicales.

En la actualidad, Costa Rica es un país productor y exportador. En el mercado existen, principalmente, tres variedades: la "criolla" o Montelirio, es aquella que no tiene espinas en las hojas de la corona y es excelente para hacer jugos o fresco de piña; la Cayena o "piña hawaiana" es de pulpa más amarilla, consistente y muy dulce, especial para comer en tajadas. Se reconoce por las pequeñas espinas en las puntas de la corona. Por último, la Champaka es un híbrido de la anterior, con características semejantes.

Se recomienda comer la piña bien madura, pues es más dulce y no produce escozor (especialmente en las personas sensibles); por la misma razón se recomienda no comer el corazón. La fruta cosechada en el punto óptimo de madurez es más dulce; tiene aproximadamente una cuarta parte de la vitamina C presente en la naranja. Trozos de piña sin cocinar sirven para ablandar la carne, debido a la presencia de una enzima proteolítica llamada bromelina.

Pineapple

Of all the fruits native to tropical America, the pineapple is perhaps the most delectable to the human palate. First carried to Europe by the Spaniards, it was later cultivated in greenhouses to cater to the tastes of European royalty. As new means of conserving the fruit were developed, and with the opening of more extensive transportation routes, the fruit came to be widely cultivated in tropical regions.

Today, Costa Rica produces and exports pineapples. On display in local markets are three varieties of pineapple. The *Criolla*, or *Montelirio*, a variety that has no thorns on its crown leaves, makes excellent juices. A second variety, the *Cayena*, or Hawaiian, pineapple, can be identified by the small thorns on its crown. The deep-yellow fruit of this variety is extremely sweet and is especially delicious served in slices. The third variety is the Champaka, which is a hybrid of the *Cayena* and another species and which has characteristics similar to the *Cayena*.

Pineapple should be eaten when it is quite ripe, since it is sweeter then and does not produce any itching or irritation to the skin. Those who are susceptible to such reactions should, for the same reason, avoid eating the heart of the pineapple. Pieces of uncooked pineapple, which contains a proteolithic enzyme called bromeline, can be used to tenderize meat. This fruit contains approximately 25 percent of the vitamin C that is found in an orange.

Musa acuminata and *Musa balbisiana*
Musaceae (familia/family)

Banano y plátano (cambur)

El banano se originó en la vasta región que se extiende desde India y Malasia hasta el norte de Australia. En general, se denomina "banano" a una serie de especies e híbridos diferentes –algunos de ellos inclusive se utilizan como ornamentales o para la extracción de fibras vegetales–.

En Costa Rica se les llama "bananos" a las frutas que se comen crudas, y "plátanos" a las que se cocinan (aunque también pueden comerse crudas cuando están bien maduras).

El banano es uno de los principales productos agrícolas de exportación. Resulta muy común ver las extensas plantaciones en la zonas bajas del país, especialmente en las de la vertiente del Caribe.

A diferencia del consumidor norteamericano y europeo, el "tico" prefiere el banano bien maduro, incluso con "pecas"; estas son producidas por un hongo que solo afecta la piel y acelera los procesos de maduración dándole más dulzor a la fruta.

Plantación de plátano. *Plantains in agricultural production.*

Variedades de banano y plátano. *Varieties of banana and plantain.*

Además de las variedades de exportación existen en el país una gran diversidad de "criollos" que se pueden encontrar en las "ferias del agricultor". El banano es una fruta de fácil digestión y energética por ser alta en almidones, pero es pobre en fibra, por lo que se recomienda en caso de diarreas. La cáscara del banano o del plátano se pone oscura si se guarda en el refrigerador, pero esto no afecta a la pulpa.

Banana & Plantain

The banana originated somewhere in the vast region that extends from India to Malaysia and down to Australia. The term *banana* refers to a wide range of species and hybrids, including some ornamentals, as well as plants used for their fiber.

In Costa Rica, as in most countries, bananas are eaten raw, while the larger platano is generally cooked before being eaten (although it too can be eaten raw, when it is very ripe). Unlike North American and European consumers, Costa Ricans tend to prefer to eat bananas when they are very ripe, even when they are beginning to show brown spots on the skin. These spots are caused by a fungus, which, in addition to affecting the appearance of the skin, also causes the fruit to ripen more quickly and to become sweeter.

Bananas are one of the main export crops of Costa Rica, and you can see large banana plantations at low elevations in many parts of the country, especially along the Caribbean coast. In addition to the banana varieties that Costa Rica exports, there is a wide range of varieties for sale in farmers' markets throughout the country.

The banana is an easily digested fruit that contains a lot of potential energy due to its high starch content; because it is low in fiber, it is often recommended in cases of diarrhea. When bananas are refrigerated, the skin becomes dark, though this does not affect the fruit itself.

Racimo de banano. *Banana bunch*.

Solanum quitoense
Solanaceae (familia/family)

Naranjilla.

Naranjilla (lulo)

Esta fruta, pariente del tomate, es originaria de las tierras altas de la región andina. Proviene de un arbusto espinoso totalmente cubierto de vellos, lo que también ocurre con el fruto; en el mercado los frutos se venden ya limpios.

El jugo de naranjilla es exquisito, sea con agua o con leche. Tiene el inconveniente de que tiende a oxidarse y por tanto a oscurecerse, de modo que se recomienda consumirlo recién hecho. La fruta debe pelarse antes de licuarla, pues la cáscara tiene sustancias ligeramente tóxicas que ademas oscurecen el jugo con mayor rápidez.

Naranjilla

This tomato relative is native to the Andean highlands. The fruit—and the thorny bush on which it grows—are both covered by fine, hairlike growths; the naranjillas that you will find in Costa Rica's markets, however, have been cleaned and are smooth-skinned.

The juice of this fruit is very delicious; it can be served undiluted or mixed with either water or milk. As the juice tends to become dark when exposed to air, it should be consumed as soon as possible after being prepared. You should peel the fruit before placing it in the blender, since its skin contains slightly toxic substances. Peeling the skin also improves the taste of the fruit and results in a juice that turns dark less rapidly.

Solanum sessiliflorum
Solanaceae (familia/family)

Cocona.

Cocona (topiro)

Al igual que la naranjilla, la cocona sin cáscara se utiliza para hacer refrescos, jaleas y rellenos para pasteles. El sabor de ambas frutas es similar, pero a diferencia de la naranjilla, la cocona crece en las regiones cálidas y su cáscara es gruesa. Es bastante rica en vitamina C, tanto o más que la naranja.

Cocona

As with the naranjilla, this fruit should he peeled before using it as an ingredient in one of the several dishes for which it is appropriate: juice, jellies, or pie filling. Although its flavor is similar to that of the naranjilla, it has a thicker skin and grows in warmer regions. Its vitamin C content compares to that of the orange.

Cyphomandra betacea
Solanaceae (familia/family)

Tomate de palo. *Tree tomato.*

Tomate de palo (tomate de árbol)

Como su nombre lo indica, esta planta también es pariente del tomate común y, al igual que la naranjilla, es originaria de la zona andina. La pulpa de esta fruta se utiliza para enriquecer las pastas de tomate; con ella también se elaboran jaleas y otros productos cocinados. El jugo de frutas frescas es agradable y especial para mezclar en cocteles.

En otros países es mucho más apetecido que en Costa Rica, donde solamente se cultiva esporádicamente en jardines y huertas.

Tree Tomato (tamarillo)

As its name indicates, this plant is related to the common tomato, and—like the naranjilla—it is native to the Andean region. Its fruit is used to enrich tomato pastes, and it is also used in the preparation of jellies and other cooked products. The juice of the fresh fruit has a pleasant flavor and it is especially good for preparing cocktails. It is more widely produced in some other countries than it is in Costa Rica, where it is only occasionally found in home gardens and orchards.

Physalis peruviana
Solanaceae (familia/family)

Uchuba. *Cape gooseberry*.

Uchuba (capulí, bolsa de amor)

Originaria de Perú y Chile, esta fruta, parecida a un pequeño tomate, es poco cultivada en el país. Con los frutos maduros se puede confeccionar una deliciosa mermelada. No deben consumirse los frutos verdes porque son tóxicos. Se llama también "bolsa de amor" pues el fruto está envuelto en una cápsula suave semejante al papel.

Uchuba envuelta en cápsula. *Cape gooseberry in paperlike capsule*.

Cape Gooseberry (goldenberry)

Native to Peru and Chile; the fruits of this plant resemble small tomatoes. It is only produced in small quantities in Costa Rica. The fruits, which make a delicious marmalade, should not be eaten before they are truly ripe, as they are toxic when green. A common Spanish name for the fruit is *bolsa de amor* (literally, bag of love), a name suggested perhaps by the delicate, smooth, paperlike capsule that covers the fruit.

Annona cherimola
Annonaceae (familia/family)

Anona (chirimoya)

La textura, sabor y aroma de las variedades superiores de la chirimoya, la convierten en una de las más exquisitas frutas americanas de mesa. Desafortunadamente es poco cultivada en el país, posiblemente debido a la gran cantidad de plagas que atacan el árbol y sus frutos.

Los frutos que llegan al mercado proceden por lo general de árboles solitarios, y su calidad es muy variable. Los mejores frutos se cultivan en Zarcero y en las zonas aledañas al Cerro de la Muerte.

La anona se consume cuando está bien madura; si se cosecha cuando las semillas suenan al agitar el fruto, éste estará listo para el consumo en pocos días. Todas las anonáceas son ricas en azúcares y su contenido de vitamina C es algo inferior al de la naranja.

Variedades de anona. *Cherimoya varieties.*

Cherimoya

The texture, flavor, and fragance of the superior varieties of cherimoya make it one of the most exquisite of the American tropical fruits. It is seldom grown in Costa Rica, unfortunately, perhaps due to the large variety of diseases that attack both the trees and the fruits. The few fruits that reach the market generally come from solitary trees and vary in quality. The best fruits are produced in Zarcero and in areas surrounding Cerro de la Muerte. This fruit should be eaten when it is very ripe (if the seeds move when the fuit is shaken, the crop is ready for harvesting). All the anonaceas are rich in sugar; their vitamin C content is somewhat less than that of the orange.

Anona forma "umbonata". *Umbonata form of Cherimoya.*

Annona muricata
Annonaceae (familia/family)

Guanábanas donde se observa su pulpa blanca. *Soursop has white pulp.*

Guanábana (guanaba, graviola)

Esta deliciosa fruta del trópico americano de sabor ligeramente acídulo y penetrante aroma, es particularmente apropiada para la elaboración de jugos, helados y yogures. La calidad y el sabor suelen variar, puesto que la mayor parte de la producción proviene de árboles de semilla, los que presentan una gran variabilidad genética.

Debido a su alto costo y gran tamaño, a veces se vende en trozos. Se debe consumir cuando la pulpa está suave; se pela, se sacan las semillas y se licúa con agua o leche.

Soursop (guanabana)

This delicious fruit is native to tropical America. It has a slightly acidic flavor and a distinct aroma, and it is ideal for preparing juices, ice cream, and yogurt. The quality and flavor of the fruit may vary since most fruits are produced from tree seedlings that are extremely genetically diverse.

Because the fruit is expensive—and because it is large—it is often sold in slices. It should be consumed when the pulp is soft. You can quickly make a tasty drink with soursop: peel and deseed the fruit before mixing in a blender with water or milk.

Fruta de guanábana aún sin madurar. *Unripe soursop fruit.*

Persea americana
Lauraceae (familia/family)

Variedades de aguacate. *Avocado varieties*.

Aguacate (palta)

Como su nombre científico lo indica, esta es otra fruta que América legó al mundo. Sin embargo, debido a una serie de razones técnicas y económicas, la producción y, por tanto, el consumo a nivel internacional, es más bien escaso.

En Costa Rica existen árboles de aguacate en zonas bajas, medias y altas, debido a que hay variedades con diferentes requerimientos climáticos. Muchos frutos provienen de árboles de semilla; por tanto se encontrará en el mercado una gran variabilidad en cuanto a forma, color y calidad. A pesar de que es tan apreciada entre los costarricences, gran parte de la fruta viene de otros países latinoamericanos.

En el futuro se espera suplir la demanda nacional con las plantaciones que se están estableciendo en zonas altas, especialmente con árboles de la variedad Hass, la de mayor demanda a nivel mundial: su fruto es pequeño, de cáscara gruesa y rugosa que se pone de color morado al madurar.

El aguacate es prácticamente un alimento completo, aún cuando a diferencia de otras frutas, es pobre en vitamina C. Algunas variedades son ricas en aceites; se afirma que el aceite que contiene es anticolesterólico. Además de sus múltiples formas de consumo, también sirve para preparar unas excelentes mascarillas para el cutis y el pelo.

Avocado

As its scientific name indicates, this fruit is native to the Americas. Production (and consumption) of avocado is fairly limited in other regions of the world, due to a number of technical and economic factors.

In Costa Rica, varieties of the avocado tree are planted in low, middle, or high elevations—each variety requires specific climatic conditions.

Local markets have a wide variety of avocado fruits that vary in shape, color, and quality. Even though there is a high demand for this fruit in Costa Rica, the majority of the fruits that are consumed are not grown there, but are imported from other Latin American countries.

Future demand for this fruit in Costa Rica is expected to be met by new plantations that are located at higher elevations, where the tree of choice is the Hass variety, for which there is the greatest worldwide demand. This variety is small and has thick, wrinkled skin that turns dark purple when the fruit is ripe.

The avocado has very high nutritional value, although, unlike many other fruits, it has low vitamin C content. Some varieties are rich in oils that are said to lower cholesterol. Apart from the many ways it can be used to prepare a variety of dishes, this fruit also serves as an excellent treatment for the skin and hair.

Aguacate, variedad Hass. *Hass variety of avocado.*

Chrysobalanus icaco
Chrysobalanaceae (familia/family)

Icaco.

Icaco

Esta pequeña fruta se encuentra desde México hasta Venezuela. En Costa Rica se puede observar este arbusto tanto en la costa Pacífica como en el Caribe. Es pequeño, de forma redondeada, de hojas cerosas y brillantes, que establecen un bonito y llamativo contraste con el color de los frutos.

En algunas comunidades, como Tortuguero, se utiliza como ornamental. La fruta se come fresca y se recomienda consumirla bien madura. La pulpa es esponjosa, de sabor ligeramente dulce y simple. Es más apetecida en mermeladas. Su semilla contiene aceite y también es comestible. Algunos autores consideran que tiene propiedades para mejorar problemas de estreñimiento.

Icaco (coco plum)

This fruit is found from Mexico to Venezuela. In Costa Rica, it grows on both the Pacific and the Caribbean coasts. It is small, with a rounded crown, and has shiny, waxy leaves that contrast aesthetically with the color of the fruit.

Icaco is grown as an ornamental shrub in Tortuguero and other communties in Costa Rica. Though it is generally consumed in the form of jelly or marmalade, the fruit can also be eaten fresh, preferably when ripe. The pulp is spongy and slightly sweet; the seeds are oily and are edible. Some authors say that icaco can be used to treat constipation.

Licania platypus
Chrysobalanaceae (familia/family)

Zapote mechudo (zonzapote, zunza)

Fruta muy apetecida por pájaros y pequeños mamíferos de los bosques tropicales muy húmedos. Crece en forma silvestre desde México hasta Panamá. En Costa Rica se encuentran árboles aislados en algunos jardines y en estaciones agrícolas experimentales de las universidades públicas.

Por ser muy frondoso, por sus hojas brillantes y su gran inflorescencia o panícula de color blanco que cuelga haciendo un bello contraste con el follaje, el árbol es atractivo como ornamental.

La fruta posee una cáscara delgada, es rica en aceites y azúcares, y posee un olor fuerte muy particular. No obstante, por su condición harinosa, pegajosa y un poco fibrosa –de ahí su nombre de "zapote mechudo"–, la parte comestible es poco atractiva para ser consumida cuando está fresca, y se prefiere utilizarla como base de pasteles y mermeladas.

Zapote mechudo. *Monkey-apple*.

Monkey-apple (zunza)

The monkey-apple tree grows uncultivated from Mexico to Panama in very humid tropical forests, where its fruits are a favorite of birds and small mammals. In Costa Rica, it is planted in yards and gardens, and at research stations run by state universities.

This is a beautiful tree—its large, white hanging flowers contrast with intense, shiny leaves.

The fruit, which has a thick skin, is rich in oils and sugars and has a unique, pungent smell. It is not generally consumed fresh, however, as it is also mealy and fibrous. Most often, the fruit is used in pastries or to make marmalade.

Eriobotrya japonica
Rosaceae (familia/family)

Níspero del Japón

En su óptimo estado de madurez (color anaranjado intenso), esta fruta de agradable sabor presenta un alto contenido de vitamina A. Su período de cosecha es muy corto y proviene de árboles dispersos, de ahí que solo esporádicamente se la pueda encontrar en los mercados. Estos frutales son aptos para el jardín en las zonas mayores de 1200 msnm, por ser pequeños y tener un bonito follaje.

Níspero del Japón. *Loquat*.

En el país no existen las excelentes variedades mejoradas que hay en las regiones cálidas de Estados Unidos. En otros países se usan para elaborar jaleas, conservas y pasteles. Se menciona que tanto las frutas verdes como las semillas, resultan algo tóxicas.

Loquat

When it reaches its optimal state of ripeness—signalled by an intense-orange color—the loquat has a very pleasant flavor and is high is vitamin A content. In Costa Rica, the harvest period is very short and there are only scattered trees (no plantations). Thus, the fruit is found only sporadically in local markets. The tree does well when planted at about 1,200 meters; it is often planted in gardens because it is small and has attractive foliage.

Costa Rica does not have the excellent varieties of loquat that are grown in the warmer regions of the U.S. Outside of Costa Rica, the loquat is used to prepare jellies, canned fruit, and pies. The unripe fruit and its seeds are generally considered to be somewhat toxic.

Rubus adenotrichus
Rosaceae (familia/family)

Mora Vino. *Blackberry*.

Mora Vino

El lugar de origen de este frutal es el Hemisferio Norte. Sin embargo, existen algunas variedades originarias de Centro y Sur América con bajo requerimiento de frío (temperaturas menores a 13° C.).

Las moras en Costa Rica se encuentran en las zonas altas del país: Sacramento, Coronado, Tierra Blanca, El Empalme, San Cayetano, La Piedra de Perez Zeledón... en todos estos lugares se pueden adquirir a la orilla de las carreteras durante casi todo el año.

Tradicionalmente han crecido en forma silvestre en las pasturas ganaderas. Sin embargo, en los útimos años ha tenido más importancia como cultivo, debido al aumento de las exportaciones como fruta orgánica. Para los pequeños productores, la mora representa un ingreso económico importante que los ha llevado a su siembra y desarrollo, desplazando incluso, en algunos casos, a la ganadería.

El fruto es en realidad un conjunto de pequeños frutos, cada uno con su semilla. Su sabor es ácido y aromático. La mora es altamente perecedera, lo que exige su refrigeración una vez cosechada. Almacenada a 0° C, se conserva por un lapso de tres a cuatro días. Con las moras se prepara un delicioso refresco en agua o en leche, helados, yogurt y mermelada que se utiliza en rellenos de repostería. Se pueden comer frescas con natilla y azúcar.

Blackberry

This fruit originated in the northern hemisphere. However, some varieties that do not require the cold temperatures found in the north do occur in the subtropical regions of Central and South America.

In Costa Rica, blackberries grow in the highland zones of Sacramento, Coronado, Tierra Blanca, El Empalme, San Cayentano, and La Piedra de Pérez Zeledón, where they can be bought from roadside vendors throughout most of the year.

At one time, blackberries only grew wild in pastures; in recent years, Costa Rican farmers have begun small-scale, organic production of the fruit for export. On some farms, blackberry production has even displaced dairy production.

The "fruit" is actually a collection of myriad, tiny fruits, each with a single seed. Its flavor is both aromatic and acidic. Once picked, the fruit perishes very rapidly and it therefore must be refrigerated. If stored at 0° C (32° F), it can last three or four days. In Costa Rica, the most common form of consumption is in natural fruit drinks, in which the juice of the fruit is mixed with water or milk. It is also used as flavoring in yogurt and ice cream and to make marmalade, which is often used in pastries. As a dessert, fresh blackberries are served with sour cream and sugar.

Malus pumila
Rosaceae (familia/family)

Manzana variedad Ana. *Ana apple variety*.

Manzana

Desde hace muchos años se han venido introduciendo en las regiones altas del país (sobre los 1500 msnm), diferentes variedades de manzana de bajo requerimiento de frío (temperaturas menores a 13° C), pero no fue sino hasta hace 20 años, con la introducción de la variedad Ana (de origen israelí), que se han desarrollado plantaciones en mayor escala.

Esta manzana, con su sabor ligeramente ácido, ha logrado competir con las manzanas importadas producidas en climas más apropiados, pero no logra sustituirlas porque su máxima producción se da en febrero y marzo y no en diciembre, la época de mayor demanda.

La importancia nutritiva de la manzana es bastante conocida; es excelente para la digestión, especialmente si se consumen sus semillas.

Apple

For a number of years, several apple varieties that do not require a cold climate have been cultivated at higher elevations (above 1,500 m) in Costa Rica. But it is only in the last 20 years, with the introduction of the Ana variety (from Israel), that large-scale production has taken off.

The Ana, which has a slightly acidic taste, has managed to compete with imported apples that are grown in more favorable climatic conditions. It has not displaced imported apples, however, because it is harvested in February and March, and is thus not available for consumption during the month of highest demand, December.

The nutritional value of apples is common knowledge; it is also excellent for the digestion, especially if consumed with the seeds.

Árbol de manzana "Ana" cultivado en las zonas altas de Costa Rica. *Ana variety under cultivation in highlands of Costa Rica.*

Prunus persica
Rosaceae (familia/family)

Durazno Criollo Rojo. *Red Ceylon peach.*

Durazno Criollo Rojo

Este durazno fue posiblemente introducido al país en los inicios de la colonia, y se lo encuentra en jardines y pequeñas plantaciones en las regiones altas. Es una planta rústica y de muy bajo requerimiento de frío (temperaturas menores a 13° C), y se lo ha visto producir desde los 1000 msmn. Por lo general se lo consume cocido pues no madura muy bien.

En Zarcero se producen en pequeña escala conservas de durazno en almíbar y mermeladas. Se diferencian de otras conservas importadas por el color rojo que adquiere el almíbar y por su sabor agridulce muy particular. También se producen en el país "melocotones"; se llaman así a las variedades injertadas, generalmente introducidas desde la Florida.

Red Ceylon Peach

This peach was possibly introduced to Costa Rica many, many years ago, during the colonial period. Today, it grows in gardens and small plantations at higher elevations of the country (1,000 meters and above). It is a hardy plant and it does not require a very cold climate in order to thrive. The red Ceylon peach is usually eaten after being cooked, as it does not ripen well.

Zarcero is the site of small-scale production of canned peaches and marmalade. Canned peaches produced locally are distinguished from imported canned peaches in two ways: their syrup acquires a reddish color and they have a sweet-and-sour taste.

Several grafted varieties of peach, introduced from Florida and known as *melocotón*, are also produced in the country.

Fragaria spp.
Rosaceae (familia/family)

Fresas. *Strawberries*.

Fresas

Las variedades que se cultivan actualmente provienen del cruce de la especie *Fragaria virginiana*, originaria de Norteamérica, y *Fragaria chiloensis*, proveniente de Suramérica. En Costa Rica se producen en las regiones altas (entre 1300 y 2000 m de altitud), tanto para el consumo interno como para la exportación. Botánicamente, la parte carnosa que se come corresponde al receptáculo engrosado de la flor, pues los verdaderos frutos son las semillitas que la recubren.

Es una fruta rica en vitaminas A y C. Se dice también que tiene propiedades medicinales contra la gota y el reumatismo, además de ser laxante y tónico digestivo. Se consume de múltiples maneras, tanto en forma fresca como procesada.

Strawberries

The varieties that are cultivated today are a cross between *Fragaria virginiana*, native to North America, and the *Fragaria chiloensis* of South America. In Costa Rica, strawberries are cultivated at high elevations (between 1,300 and 2,000 m), both for local consumption and for export.

The "fruit" is actually the thick receptacle of the flower, which is covered by myriad small "seeds" that, in botanical terms, are the true fruits. Strawberries are rich in vitamins A and C. They are also said to combat gout and rheumatism, as well as to function as a laxative. The fruit is served in a variety of ways.

Averrhoa carambola
Averrhoaceae/Oxalidaceae (familia/family)

Carambola. *Star fruit*.

Carambola (averrhoa)

El árbol de carambola es originario de Ceilán. En Costa Rica crece en zonas cálidas y algo húmedas, pero también se lo ha visto producir en el valle Central, hasta los 1300 msnm. Por su porte relativamente pequeño y el bello conjunto de su follaje y dorados frutos, es una planta ornamental apropiada para jardines.

La fruta se encuentra prácticamente todo el año. Tan solo hay que lavarla y sacarle, a veces, pequeñas porciones dañadas, para hacer un delicioso refresco en la licuadora. Tiene tanta vitamina C como una naranja. Cortada en trozos transversales presenta forma de estrella, y se utiliza en la decoración de bebidas y comidas.

Star Fruit (carambola)

The carambola tree is native to Sri Lanka. In Costa Rica, it usually grows in zones that are warm and somewhat humid, but it is also cultivated in the more temperate Central Valley, up to 1,300 m. This small ornamental tree is ideally suited for gardens, both because of its size and because of the striking, beautiful contrast between its foliage and its golden fruit.

Carambola is available in markets practically year round. It makes a delicious natural fruit drink, though it is sometimes necessary to remove small, damaged portions of the fruit before blending. This fruit contains as much vitamin C as an orange! When cut crosswise, carambola displays a starlike pattern and thus makes a decorative garnish for fruit drinks and salads.

Averrhoa bilimbi
Averrhoaceae/Oxalidaceae (familia/family)

Los frutos del mimbro nacen directamente del tronco. Cuando maduran toman un color amarillo. *Fruits of this tree grow directly from the trunk; they turn yellow when they ripen.*

Mimbro (bilimbi, grosella china, pepino de las Indias)

Se menciona como lugar de origen del mimbro los trópicos indomalayos; es muy común en Tailandia, Malasia y Singapur. El árbol es un frondoso frutal ornamental que llama la atención por su capacidad de producir los frutos en los tejidos viejos, varias veces al año.

Los frutos son ácidos, de una textura crujiente como el pepino. Se consumen frescos, bien maduros, y se utilizan también en la elaboración de frescos fríos como la limonada, en salsas y mermeladas. Para elaborar estas últimas, en Malasia la mezclan con otras frutas muy dulces, que complementan diversos platos. Cuando están verdes con ellas se elaboran conservas con miel, así como encurtidos en donde se la mezcla con otras verduras, vinagre y chile picante, en nuestros típicos "chileros" caseros.

Las flores preservadas con azúcar se consumen como postre.

El jugo del mimbro sirve como pulidor de metales, eliminando el herrumbre; y también como quita manchas de la ropa. Las hojas machacadas de los árboles, son usadas en erupciones de la piel y en picaduras.

El mimbro es mucho más sensible al frío que la carambola, por ello se da mejor en las zonas húmedas, lluviosas, calurosas y bajas del país.

Mimbro (cucumber tree, sorrel)

Mimbro originates in Indonesia and Malaysia; today, it is a common fruit tree in Malaysia, Singapore, and Thailand. This leafy, ornamental tree is notable for its ability to produce fruit from its old tissues, several times a year.

The fruit is acidic, with a crunchy texture similar to that of cucumber. It can be eaten fresh—best when very ripe—or used to make a natural fruit drink; it is also used to make sauces and marmalades. In Malaysia, mimbro is combined with several kinds of sweet fruit to make a marmalade that is served as a side dish. When the fruit is green, it is sometimes used to make a honey-based preserve; in Costa Rica, the fruit is mixed with hot chile peppers (and other vegetables) and vinegar to make a spicy condiment. The flowers are preserved in sugar and eaten as a dessert.

Interestingly, the juice of the mimbro is used to polish metal—it helps eliminate rust. It is also used to remove stains from clothing. The leaves are sometimes beaten into a pulp and used to treat skin rashes and insect bites.

The mimbro tree is less tolerant of cold climates than the carambola and grows best in humid, hot, low elevation regions of Costa Rica.

Citrus spp.
Rutaceae (familia/family)

Diferentes especies de cítricos. *Various species of citrus*.

Cítricos o agrios

Se denominan cítricos o agrios más de 15 especies del género *Citrus*, probablemente originarios del sureste de Asia. En la actualidad existen también numerosos híbridos.

En el país se encuentra una gran variedad de estas frutas, de excelente sabor, algunas de origen natural y otras híbridas producidas técnicamente. Todas son fuente de vitamina C, además de ser laxantes. En las regiones más calientes y húmedas, las naranjas no desarrollan el color anaranjado intenso que las caracteriza, pero su jugo es dulce y agradable. Costa Rica exporta jugo concentrado y congelado a países como Estados Unidos.

Las mejores naranjas para consumo fresco proceden de la región de Acosta y las denominan "criollas". Los llamados "limones" pertenecen a especies diferentes; está el limón Mesina o Persa (*Citrus aurantifolia*) que no tiene semilllas; el limón-mandarina o lima de Rangpur (*Citrus limonia*), que es achatado, de cáscara arrugada y fuerte color anaranjado; el limón criollo (*Citrus aurantifolia*) es pequeño, tiene semillas y su cáscara es delgada y amarilla.

Citric Fruits

There are more than 15 species of *Citrus*, all of which probably originated in southeast Asia. There are also numerous hybrids. All citrus fruits are a source of vitamin C and also have a laxative effect.

A great variety of citrus fruits are grown in Costa Rica. Many are of excellent quality; some are of natural origin, others are hybrids produced by scientists. The best oranges in Costa Rica are produced in the Acosta area and are called *criollas*. In the warm, damp regions of the country, oranges do not acquire the typical intense-orange color, but the juice from these fruits is still very sweet. Costa Rica exports frozen orange juice concentrate to the U.S. and other countries.

There are a number of species and varieties of lemon. The Mesina or Persian lemon (*Citrus aurantifolia*) is seedless; the criollo lemon (*Citrus aurantifolia*) is small, has seeds, and has thin, yellow skin; the mandarin lemon or Rangpur lime (*Citrus limonia*) is flattened and has wrinkled skin and a deep-orange color.

Mandarinas. *Mandarins*. (*Citrus reticulata*)

Casimiroa edulis
Rutaceae (familia/family)

Tipo de matasano. *A matasano variety.*

Matasano (zapote blanco)

Su desagradable nombre no tiene relación con su sabor, se debe más bien a que posee en la pulpa un compuesto de glucosa (glucósido), así como un alcaloide (casimiroine) en la semilla, en las hojas y la corteza, que tienen propiedades sedativas y que consumidos en grandes cantidades provocan sueño.

Se señala su origen desde México hasta Costa Rica. En México se ha vendido una tableta de nombre Rutelina elaborada con extracto de este fruto.

En nuestro país se reporta la decocción de las hojas para el combate de la diabetes. Su pulpa es suave, aromática, de sabor liviano y con cierta inclinación al mentol, rica en vitamina C y proteínas.

Matasano (white sapote)

The macabre translation of this plant's Spanish common name—"killer of the healthy"—bears no relation to either the fruit's taste or its effects. The name derives instead from the sleep-inducing properties of both the glucose that is contained in the pulp and the alkaloid (casimiroine) that is contained in the seed, leaves, and bark.

The tree is native to the area from Mexico to Costa Rica. A sleeping pill called Rutelina, made from an extract of the fruit, has been sold in Mexico. In Costa Rica, some people boil the leaves to prepare a drink that supposedly treats diabetes. The pulp, which is soft and aromatic, has a subtle taste (somewhat suggestive of menthol) and is rich in vitamin C and proteins.

Otro tipo de matasano. *Another matasano variety.*

Mangifera indica
Anacardiaceae (familia/family)

Diferentes variedades de mango y sus inflorescencias. *Mango varieties and their inflorescences.*

Mango

Originario de la India, principal país productor y consumidor (y donde se conocen más de 400 tipos o variedades), el mango es en la actualidad una de las principales frutas de Costa Rica.

Las variedades mejoradas introducidas de la Florida son las que más se han cultivado, especialmente para el mercado externo.

El fruto verde es muy apetecido: se consume pelado con sal y limón, y es rico en vitamina C, la que tiende a disminuir durante la maduración. Por su parte, la vitamina A logra su máxima concentración en el fruto totalmente maduro.

A las frutas grandes se les llama "mangas" (por ser la "mamá de los mangos", según dice una anécdota contada por un especialista), y generalmente corresponden a variedades mejoradas y propagadas por injerto.

Mango

The mango originated in India, which today is the principal producer (and consumer) of the fruit; 400 types or varieties of this fruit are grown there. In Costa Rica, the fruit has become one of the country's key agricultural products; improved varieties introduced from Florida have been extensively cultivated, especially for export.

The green fruit—cut into strips and served with lemon juice and a sprinkling of salt—is a popular snack; it is rich in vitamin C, though the fruit tends to lose vitamin C content as it ripens. Interestingly, the vitamin A content reaches its maximum content when the fruit is ripe.

In Spanish, the larger fruits are called *mangas*, which is the feminine form of the word: one specialist speculates that larger fruits are called *mangas* because they are the "mother of the mangos." These larger fruits are usually improved varieties that have been propagated through grafting.

Variedad Mora. *Mora variety*.

Plantación de mango. *Mango plantation*.

Anacardium occidentale
Anacardiaceae (familia/family)

El fruto del marañón está compuesto de la nuez y de la "manzana" (pedúnculo engrosado).
The cashew fruit is composed of the nut and the "apple."

Marañón (merey, cajú)

El marañón es originario del árido sudeste del Brasil; sin embargo, la India es el principal productor de la nuez, dada la facilidad con que se adaptó y creció naturalmente.

Como se observa en la fotografía, el marañón está compuesto de dos partes: la nuez, que constituye el fruto verdadero y que es muy conocido en el extranjero como nuez de cajú; la otra parte es lo que llamamos la "manzana de marañón" y corresponde al pedúnculo engrosado.

La nuez es rica en aceites mientras que la manzana lo es en vitamina

C, además de ser altamente diurética. Cuando esta última se encuentra bien madura, sirve para hacer refrescos; tiene buen olor y sabor, aunque algunos frutos son algo astringentes debido a su alto contenido en taninos. También se elabora con ellos una conserva azucarada denominada "marañón pasa". La cáscara de la semilla es muy tóxica y difícil de tostar bien en forma casera.

Cashew

The cashew is a native of the arid southeastern section of Brazil. Today, however, India is the principal producer of this nut.

As the accompanying photo indicates, the cashew actually consists of two parts: the "nut" itself, which in botanical terms is the true fruit, and the flower stalk, which is fruitlike and is known as the cashew "apple."

The nut is rich in oils. The shell is toxic, however, and attempts to roast cashew nuts at home are not often successful. It is thus best to buy the nuts from commercial producers.

The "apple" is rich in vitamin C and it is also highly diuretic. When ripe, it can he used to prepare a tasty, aromatic juice, though note that some "fruits" are astringent due to high tannic-acid content. It is sometimes mixed with sugar to prepare a preserve that is known in Spanish as *marañón pasa* (marañón raisin).

Spondias purpurea
Anacardiaceae (familia/family)

Jocote "tronador" de la meseta central. *Large mombins (tronador) from the Central Valley.*

Jocote (ciruela, jobo colorado)

Este árbol, originario de Centroamérica, se utiliza en las zonas rurales como cerca viva, y sus frutos son muy apreciados por los costarricenses. Se consumen maduros o verdes con sal; también se elabora con ellos una conserva con "tapa de dulce" denominada "jocotada". La tapa de dulce es un producto de los "trapiches" o pequeñas fábricas rurales de azúcar de caña. El fruto maduro tiene un poco menos vitamina C que la naranja.

Existen dos tipos de jocote: el "tronador" que se cosecha en la meseta central a partir de octubre y que es el más apetecido, y el jocote "guanacasteco", que se cosecha en verano en las regiones más secas.

Purple [or Red] Mombin (Jamaica-plum)

This tree is native to Central America; it is often used to create living fences. The fruit is a favorite of Costa Ricans. It is consumed when either green (best sprinkled with salt) or ripe. The fruit is also combined with *tapa de dulce* to prepare a preserve called *jocotada*. (*Tapa de dulce* are round blocks of raw sugar that are produced by rural processors of sugar cane.) The fresh fruit contains slightly less vitamin C than does the orange.

There are two types of mombin. The "tronador," which is the tastier of the two, is harvested in the Central Valley of Costa Rica at the beginning of October; the Guanacaste mombin is cultivated in the driest regions of the country and is harvested in the summer.

Jocote de Guanacaste. *Mombins grown in Guanacaste.*

Spondias dulcis (*S. cytherea*)
Anacardiaceae (familia/family)

Yuplón. *Ambarella*.

Yuplón (jobo de la India, manzana de oro)

El nombre comunmente dado en Costa Rica a esta fruta originaria de la Melanesia, es una derivación del término "jew plum" (ciruela judía), con el que se la conoce en Jamaica.

Esporádicamente se encuentran estos frutos en los mercados; a menudo cubiertos por un polvillo negruzco que no afecta la piel del fruto y que se elimina con el lavado. Se comen algo verdes y, a diferencia de la mayor parte de las frutas, su pulpa es más dulce cerca de la semilla, la cual presenta unas protuberancias que crecen hacia la pulpa. El fruto maduro es amarillo, jugoso y fragante.

Ambarella (jew-plum, golden apple)

This fruit is native to Melanesia; one of its common names in Costa Rica—*ciruela judía*—dervies from its English common name in Jamaica, jew-plum. In Costa Rica, it is found only sporadically in markets.

The skin of the fruit is often covered with dust, though this does not affect the skin and the dust is easily removed by washing. The fruit is often eaten somewhat green, and, unlike other fruits, its pulp is sweeter near the seed (branchlike protuberances grow out of the seed). Ripe fruits are yellow, juicy, and fragrant.

Meliccocus bijugatus
Sapindaceae (familia/family)

Mamón. *Mamon*.

Mamón (macao, muco, guayo)

Esta fruta crece aún en forma silvestre en los países de origen (Venezuela, Colombia, Guyana y Surinam). Aún cuando es una especie muy difundida en las zonas bajas del país, no se conocen plantaciones importantes. Durante el período seco puede encontrarse en el mercado y en pequeños puestos a la vera del camino. Aunque es muy apetecido por los niños, no es recomendable para ellos, pues su semilla grande y resbalosa puede fácilmente alojarse en la garganta, causando la asfixia si la persona no es auxiliada a tiempo. La semilla tostada o cocida también es comestible.

Mamon

Mamon grows wild in the countries where it originates: Colombia, Venezuela, Guyana, and Surinam. Although this plant grows throughout lower elevations of Costa Rica, there are no large plantations in the country. During the dry season (Dec-April), it can be found in markets and at roadside stands. Although children find the fruit very appetizing, it is not recommended for them since its large and slippery seed could become lodged in the throat (the seed *is* edible, however, when cooked or roasted).

Nephelium lappaceum
Sapindaceae (familia/family)

Mamón chino, variedad roja y amarilla. *Red and yellow rambutans.*

Mamón chino (rambután)

Originaria de Malasia, el cultivo de esta fruta se ha incrementado mucho en diferentes zonas del país. Durante todo el año, las atractivas pilas de frutos rojos y amarillos se pueden ver en ferias y ventas callejeras. Algunos encuentran los frutos amarillos más sabrosos, pero saborear cualquiera de ellos, con su suave, jugosa y acídula pulpa, es siempre una experiencia agradable. Es recomendable elegir frutas cuyas protuberancias o especie de espinas suaves no se vean muy marchitas, de modo que el fruto aún conserve todas sus características organolépticas.

Rambutan (rambosteen)

Rambutan is originally from Malaysia. Cultivation of this fruit has notably increased in many parts of Costa Rica. It can be seen throughout the year in markets, attractively arranged in yellow and red piles. Some find the yellow fruit more delicious, but fruits of either color are tasty and juicy, and have a slightly acidic flavor. It is best to avoid fruits whose spiny protuberances appear to be dry or fading in color as these may have lost their organoleptic properties.

Litchi chinensis
Sapindaceae (familia/family)

Fruto maduro de lichi. *Mature lichi fruits.*

Lichi (mamón chino, litchi)

En China este frutal es de gran valor. En Costa Rica era desconocido hasta hace poco. Su reciente introducción y diseminación ha estado a cargo de las estaciones de experimentación agronómica de las universidades estatales. En el pasado lo conocíamos como una fruta exótica, enlatada, que se ofrecía como postre en almíbar en los restaurantes chinos, traída en conserva probablemente de China (Cantón) o Vietnam, sus posibles lugares de origen. Hoy día se produce en Australia, Portugal, Islas Canarias, Florida y California.

Los frutos son de tres a cinco centímetros de largo. Su riqueza en vitamina C es semejante a la de una naranja. Crecen en grupos en las partes terminales de las ramas; el cambio de color, del verde al rojo, indica la entrada a la maduración. Su cáscara es quebradiza, con pequeñas protuberancias de fácil eliminación. La pulpa se separa sin complicación de su única semilla; es de textura suave, parecida a la uva, de un delicioso sabor y aroma ácido dulce, jugoso, que invita a "chupar" un fruto tras otro. Se utilizan en ensaladas de frutas, rellenos con queso cottage y nueces en ensaladas verdes, con gelatina de limón o en capas con helado de pistacho y crema chantillly en un delicioso parfait. Se puede utilizar como base del "Sherbet", una bebida fría oriental. Los chinos secan la pulpa y la usan en el té como sustituto del azúcar, y con el objeto de agregarle a este su olor y sabor especial.

Lichi (lychee)

This fruit possibly originated in Vietnam and China; it plays an important role in the cuisine of the latter country. Today, it is cultivated in Australia, Portugal, the Canary Islands, Florida, and California. In the past, those few who had heard about the lichi considered it an exotic fruit, one that was imported as a canned product and available only in Chinese restaurants, where it was served as a dessert. In Costa Rica, lichi is a fairly recent arrival; research stations of state universities have promulgated its production in the country.

Lichi fruits are about 2.5 cm (1 inch) long; they grow in bunches, at the end of the branch, and change color—from green to red—as they ripen. The delicate skin is covered with small protuberances that are easy to remove. The pulp, which is easily separated from the single seed, is very juicy, somewhat grapelike in texture, and has a delicious taste and a sweet, acidic smell. These fruits are as rich in vitamin C as are oranges.

The fruits are served in fruit salads and green salads, in which they often appear stuffed with cottage cheese and nuts. They are also used in lemon gelatine or, more elaborately, as a key ingredient—along with pistachio ice cream and chantilly—in a delicious parfait. Lichi can also be used as an ingredient in Sherbet, a chilled drink from Asia.

Racimos de frutos de lichi. *Bunches of lichi fruits.*

Blighia sapida
Sapindaceae (familia/family)

Frutos maduros de seso vegetal. Se observa la parte blanca comestible. *Mature akee fruits. The white part of the fruit is edible.*

Seso vegetal (aki, palo de seso, pera roja)

Esta fruta es originaria de la costa de Guinea. El nombre científico se le dió en honor al Capitán Bligh, quien la introdujo a América para que sirviera de alimento a los esclavos de origen africano; este marinero inglés es el mismo que introdujo al continente la fruta de pan, en un azaroso viaje inmortalizado en la película "El motín del Bounty".

En Barbados recibe el nombre de akee, nombre que indica que es una planta atrayente de abejas. Es la fruta nacional de Jamaica; de allí fue introducida a Costa Rica, donde se desarrolló principalmente en la costa del Caribe.

Es un árbol muy decorativo, especialmente cuando la fruta está madura, ya que toma un bello color rojo. Su nombre en español deriva del arilo carnoso amarillento que rodea a la semilla, que por su forma y color se asemeja a un cerebro. Este arilo es la parte comestible, pero solamente se debe comer cuando el fruto se ha abierto naturalmente, porque de esta forma se volatiliza la toxina que contiene; además, antes de cocinar los "sesos" se recomienda eliminar el hilo o membrana rosada que recubre la semillas. En la costa Atlántica se prepara un delicioso plato (sautéed) con bacalao, llamado "codfish".

Akee (vegetable brain)

Akee is originally from the West African nation of Guinea. Its scientific name references Captain Bligh, who reportedly introduced this fruit to the Americas as a food for African slaves. On one of his voyages (in the 17th Century), he also introduced the breadfruit to the Americas.

This is the national fruit of Jamaica, from whence it was introduced to the Caribbean coast of Costa Rica.

The tree itself is suitable for ornamental landscaping; it is particularly beautiful when the fruits are ripe, as they then acquire a reddish hue. The yellowish and fleshy aril that surrounds the seed resembles brain tissue, hence its common name in English and Spanish. The aril is the edible part of the plant; it should be eaten only after the fruit has opened naturally, thus allowing the toxins it contains to dissipate. Before the fruit is cooked, it is necessary to remove the rose-colored membrane that covers the seeds. On the Caribbean coast of Costa Rica, people make a popular dish that combines akee and cod fish.

Garcinia mangostana
Clusiaceae/Guttiferae (familia/family)

Fruto maduro de mangostán. Se observa la pulpa blanca comestible. *The white pulp of these mature fruits is edible.*

Mangostán

Originaria de Malasia, esta fruta es muy apreciada en todo el mundo por el especial sabor de su pulpa suave y jugosa. Sin embargo, en muy pocos países se lo cultiva extensamente, posiblemente por su lento crecimiento y su producción irregular, además de la baja sobrevivencia de los árboles nuevos.

En Costa Rica existen pocos árboles y ocasionalmente se la encontrará en las ferias del agricultor o en supermercados. Se consume fresca, cortándola por la mitad y extrayendo su pulpa con un tenedor.

Mangosteen

Originally from Malaysia, this fruit is now eaten in many parts of the world—its soft and juicy pulp has a distinctive flavor. Nevertheless, very few countries cultivate mangosteen, possibly because the tree grows slowly and produces inconsistent numbers of fruits. Also, young trees have a low rate of survival.

Costa Rica does not have many trees; fruits are seldom found in farmers' markets or supermarkets. The mangosteen fruit is eaten fresh. After cutting it in half, remove the pulp with a fork.

Mammea americana
Clusiaceae/Guttiferae (familia/family)

Mamey.

Mamey (mamey de Sto. Domingo, zapote mamey)

El mamey es un hermoso –pero desafortunadamente poco conocido–, árbol de los trópicos americanos. Es más cultivado en las Antillas, donde se elabora con sus perfumadas flores un licor denominado "eau de creolé".

La pulpa es consistente, aromática y con un ligero sabor a albaricoque. Para consumir la fruta fresca se pela en tiras de punta a punta. En Bahamas y Jamaica se remoja la pulpa en aguardiente o en agua salada, con el objeto de eliminarle un cierto sabor amargo; además, se cree que contiene una cierta sustancia que puede ser tóxica para algunas personas sensibles. También puede servir para elaborar jaleas y rellenos para pastel.

Mamey (mammey apple)

The mamey is a beautiful but little known tree from the American tropics. It is cultivated in the Antilles, however, where a liquor, *Eau de Creole*, is made from its fragrant flowers. The aromatic pulp has a slightly apricot-like flavor. The fruit is also used to prepare jellies and pastry fillings. The fresh fruit is peeled in strips, along the length of the fruit (from tip to tip). In the Bahamas and Jamaica, the pulp is often soaked in a strong liquor or in salted water in order to diminish its rather sour taste. Some believe that mamey contains a toxic component that could affect some people.

Garcinia madruno (*R. madruno*)
Clusiaceae/Guttiferae (familia/family)

Madroño.

Madroño (fruta de mono, cerillo, cozoiba)

Este hermoso árbol, originario de la región que va desde el Golfo Dulce en Costa Rica hasta los países del norte de Sudamérica, es poco cultivado en el país. En Colombia es una fruta bastante apreciada. Cuando están maduros, los frutos toman un color amarillo-verdoso que hace un bello contraste con su follaje verde oscuro. La cáscara es áspera y gruesa y la pulpa tiene un ligero sabor acídulo.

Madroño

This magnificent tree is native to the area extending from Costa Rica to northern South America. It is rarely cultivated in Costa Rica, though it is cultivated in Colombia, where it is a highly prized tree. When ripe, the fruits take on a yellow-green hue that contrasts attractively with the dark-green foliage. The skin of the fruit is thick and has a rough surface; the pulp has a slightly acidic taste.

Passiflora ligularis
Passifloraceae (familia/family)

Granadilla. *Sweet granadilla.*

Granadilla

Esta familia tiene una gran cantidad de especies; algunas se cultivan como enredaderas ornamentales por sus exóticas y llamativas flores y otras por sus frutos.

Su nombre científico deriva del hecho de que su flor llamó la atención de los religiosos españoles cuando la vieron por primera vez al llegar a América, imaginándose que tenía los símbolos de la pasión de Jesucristo. La fruta es cultivada en las zonas altas del país y resulta bastante común en las "ferias del agricultor" o mercados callejeros que se realizan los fines de semana. Se consume como fruta fresca y se recomienda sorber la pulpa directamente de la cáscara, una vez abierta, y tragarse las semillas sin masticarlas.

Sweet Granadilla (grenadilla)

Passifloraceae is a family that contains a large number of species. Some are climbing, ornamental plants with exotic and attractive flowers; other species are more noted for the delicious fruit that they produce.

Some say that a pattern in the flower is representative of Christ's crucifixion (the Passion), or so thought early Spanish missionaries, a fact reflected in the plant's scientific name.

Sweet granadilla is cultivated in Costa Rica at high elevations, and it is easily found at farmers' markets. Once open, the fresh fruit is "sipped" directly from the bowl-like, hard rind. The small, black seeds can be swallowed whole.

Passiflora quadrangularis
Passifloraceae (familia/family)

Granada real. *Giant granadilla*.

Granada real (parcha granadina, badea)

A diferencia de la anterior, en la granada real lo que se come es la cáscara junto con la pulpa, que es muy carnosa. Puede consumirse fresca o cocinada en forma de dulces o mermeladas. Existen variedades de frutos pequeños como el de la foto, o gigantes de hasta 30 cm de largo. Se reconoce porque el tallo presenta cuatro alas en todo su largo. De esta característica deriva su nombre científico. Es poco cultivada y se puede encontrar en patios de casas en zonas bajas e intermedias.

Giant Granadilla

In contrast to sweet granadilla (p. 77), one can eat both the pulp and the rind of the giant granadilla. It can be eaten fresh or cooked to make preserves. There are small fruit varieties (like that shown in the photograph) and giant varieties that can measure up to 25 cm (10 inches) in length. A characteristic feature of the plant is the four winglike structures that grow on the stem, from which its Latin name derives. Although not widely cultivated in Costa Rica, giant granadilla can be found in patios and home gardens, at low and middle elevations.

Passiflora edulis var. *flavicarpa*
Passifloraceae (familia/family)

Maracuyá, variedad amarilla y variedad morada. *Yellow and purple varieties of passion fruit.*

Maracuyá (parcha, parchita maracuyá)

Este es un fruto que se puede encontrar la mayor parte del año en todos los lugares de venta de fruta. En otros países es más conocida la variedad de color morado, pero en Costa Rica se cultiva principalmente la amarilla. Por su aroma y sabor ácido, es excelente para hacer refrescos. No se recomienda moler mucho las semillas con la licuadora, porque contaminan el jugo, afeando su color y dándole sabor astringente.

Purple (or Yellow) Passion Fruit

Flor y fruto de maracuyá amarillo. *Flower and fruit of yellow passion flower.*

In Costa Rica, this fruit is available almost year round in farmers' markets. In other countries, the purple variety is more commonly grown, though in Costa Rica the yellow variety is favored.

Its pleasant fragrance and acidic taste make this fruit an ideal component of natural fruit drinks. The fruit should not be left in the blender for too much time, as ground seeds can impart an unattractive color to the juice and can also make it astringent.

Cultivo de maracuyá morado. *Cultivation of purple passion flower.*

Carica papaya
Caricaceae (familia/family)

Hojas, flores y frutos de papaya. *Papaya leaves, flowers, and fruits.*

Papaya (lechosa, fruta bomba)

Originaria de la región tropical americana, la papaya constituye una fruta excepcional por su sabor y cualidades nutritivas. La papaya es una fuente importante de vitamina A, B, y C, además de ser excelente para la digestión. Aún cuando, estrictamente hablando, no puede hablarse de variedades, en el país se reconoce la llamada "criolla", de tamaño relativamente grande y con formas variadas. La pulpa varía entre un color amarillo hasta un anaranjado intenso, y el sabor de muy dulce a un poco insípido. Se prefieren las llamadas tipo "cacho", de forma alargada y consistencia firme.

En los últimos años se ha venido produciendo para la exportación la papaya tipo hawaiana, de pequeño tamaño, muy dulce y aromática, que en algunos casos parece que se ha cruzado con la "criolla", transmitiéndole algunas de sus características. En supermercados se vende la "papaya perfecta" de excelente calidad.

De la papaya verde se extrae la enzima proteolítica llamada papaína, utilizada para elaborar ablandadores de carne. Un efecto similar se puede obtener colocando, por unos minutos, algo de pulpa o cáscaras (preferiblemente verdes) sobre la carne.

Papaya (papaw, pawpaw)

Native to the American tropics, the papaya is noted for its wonderful taste and high nutritional value—the fruit is an important source of vitamins A, B, and C, and it is also an excellent digestive aid. Botanists, when speaking in strictly technical terms, don't refer to varieties of papaya; in common parlance, however, the most common *variety* in Costa Rica is called *papaya criolla*; this fruit is relatively large and varies in taste and shape. The pulp ranges from yellow to an intense orange; the taste varies from sweet to somewhat insipid. People tend to prefer the elongated fruits (called *cachos* in Costa Rica), which have a firm consistency.

In recent years, Costa Rican farmers have begun to cultivate the small Hawaiian papaya for export; they have also crossbred the Hawaiian papaya with the *papaya criolla*.

In Costa Rica, another variety, popularly known as the *papaya perfecta* (perfect papaya), is readily available in supermarkets; it is of excellent quality.

Papain, a proteolithic enzyme used as meat tenderizer, is obtained from the green, unripe papaya. When pieces of papaya pulp (preferably green) are placed on meat for a few minutes, the papain will help tenderize the meat.

Plantación de papaya "criolla". *Plantation of papaya criolla.*

Carica pubescens (C. candamarcensis)
Caricaceae (familia/family)

Papayuela. *Mountain papaya.*

Papayuela (papaya chilena, papaya de montaña, chihualcan)

Originaria de Sudamérica, se cultiva desde Centroamérica hasta Bolivia y Chile. En las regiones tropicales es una fruta de altura (sobre los 1000 msnm.), y en Costa Rica es posible encontrar pequeñas plantaciones en Sta. María de Dota y zonas semejantes. En Chile se la encuentra principalmente en la zona costera del norte, libre de heladas. Sus frutos son muy aromáticos y más pequeños que los de la papaya. Se consumen cocidos en almíbar o en forma de jaleas y confituras. Se recomienda pelarlos con un cuchillo bien filoso porque la cáscara es delgada. Es muy digerible y bien tolerada por personas con problemas estomacales.

Mountain Papaya

This fruit, native to South America, is cultivated in Central America and further south, all the way to Bolivia and Chile. In tropical zones, it grows at high altitudes (1,000 m). In Costa Rica, there are small farms of mountain papaya in Santa Maria de Dota and surrounding areas. In Chile, it grows principally in northern coastal areas that don't experience freezing temperatures. The fruits are very fragrant and are smaller than those of the papaya.

The fruit is cooked and then served in syrup; it is also used to make jelly or candied fruit. The skin of the fruit, which is very delicate, is best peeled with a knife. Mountain papaya is easily digested, even by people who normally suffer from stomach disorders.

Carica x heilbornii (C. pentagona, C. chrysopetala)
Caricaceae (familia/family)

Babaco.

Babaco (higacho, chamburo)

Originaria de las tierras altas de Ecuador, algunos autores consideran que esta "papaya" es un híbrido entre *Carica pubescens* y *Carica stipulata*. Su pulpa es blanca, fragante, ácida y no tiene semillas. Se consume cocida en forma de dulces y salsas.

Babaco

This fruit is native to the highlands of Ecuador. Note that some botanists say that the babaco is a hybrid between *Carica pubescens* and *Carica stipulata*. Its pulp is white, fragrant, rather acidic, and seedless. The fruit is cooked and then used to prepare candies and sauces.

Psidium guajava
Myrtaceae (familia/family)

Guayaba criolla. *Criolla variety of guava*.

Guayaba

Esta es, posiblemente, la mirtácea originaria de la América tropical más conocida y difundida. A pesar de ser una fruta muy apreciada por los costarricences debido a su sabor y fragante aroma, existen pocas plantaciones tecnificadas. La mayoría de las industrias que procesan esta fruta, la compran a camioneros que la recogen de los potreros, en donde este árbol se reproduce naturalmente y en abundancia, pues el ganado solamente come los frutos. El contenido de vitamina C es muy variable, en algunos casos muy alto, pero desafortunadamente se pierde casi la mitad durante el procesamiento con calor. En los almacenes se encuentran diferentes marcas de mermeladas, jaleas y pastas de guayaba, e incluso se fabrican chocolates rellenos de jalea.

En general todas las frutas de la familia mirtácea son atacadas por diferentes "moscas de la fruta" que depositan sus huevecillos en la cáscara. Debido a que la mayoría de los árboles no reciben ningún tipo de insecticida u otro tipo de control, es díficil encontrar frutas maduras totalmente sanas, de aquí la costumbre de consumirlas algo verdes. Sin embargo no se ha demostrado que sea dañino para la salud el consumir alguna de estas larvas, especialmente si se toma en cuenta que se han alimentado exclusivamente de pulpa de fruta.

En los últimos años se ha estado cultivando una variedad denominada "guayaba china", porque fue introducida por la Misión de Taiwán. Se la encuentra en supermercados y ferias del agricultor. Es de cáscara y pulpa blanca de gran tamaño.

Guava

Among the members of this family that are native to the tropics, this species is probably the best known and the most widely cultivated. Despite the fact that this delicious fruit is prized by Costa Ricans, there are few plantations in the country. Local industrial processors of guava mainly buy from truck owners who pick fruits from scattered trees that grow in pastures. Supermarkets sell a number of brands of guava jellies and other guava-based products, including chocolate candies filled with guava jelly. The vitamin C content of the fruit is variable—and heat reduces the vitamin C content by one half.

In general, all fruits of the family Myrtaceae are hosts to different kinds of fruit flies that deposit eggs on the skin of the fruit. As most trees are not treated to prevent insect damage, it is very difficult to find ripe fruits that are insect free; this explains why many people eat the fruit when it is somewhat green. Nevertheless, there is no indication that eating a stray larvae or two is harmful, especially considering that the larvae feed exclusively on the fruit's pulp.

In recent years a variety called *guayaba china* has been cultivated in Costa Rica. It was introduced by the Taiwanese Mission and is now available in supermarkets and farmers' markets. This variety is large; its peel and pulp are white.

Guayaba china. *China variety of guava.*

Eugenia stipitata
Myrtaceae (familia/family)

Arazá.

Arazá (guayaba del Amazonas)

Esta fruta relativamente nueva en el mercado es originaria de la zona amazónica. Debido a que tiene la pulpa y la piel muy delicadas, es difícil su comercialización como fruta fresca. Por su fragante aroma y sabor acídulo es apropiada para elaborar refresco; sin embargo pierde su aroma cuando se la cocina por más de cinco minutos. En Perú es donde más se ha desarrollado su cultivo, e incluso se reportan exportaciones de su pulpa a Europa.

Arazá

This relatively new arrival to Costa Rican markets is originally from Brazil. Its delicate skin and pulp are easily damaged during transportation and it is thus difficult to commercialize the fruit as a fresh product. The fragrant aroma of the fruit and its somewhat acidic taste make it ideal for use in natural fruit drinks. When it is cooked for five minutes or more, however, it loses its aroma. Peru cultivates arazá extensively and has begun to export the pulp to Europe.

Psidium friedrichsthalianum
Myrtaceae (familia/family)

Cas.

Cas (guayaba agria, arrayán)

Quizás sea en Costa Rica donde más se cultiva esta fruta; incluso se piensa que es originaria de esta zona. No obstante, tampoco aquí ha alcanzado mucho desarrollo. Las frutas de mejor sabor y aroma se obtienen en la Meseta Central, pero al igual que otras mirtáceas son atacadas por la "mosca de la fruta". El refresco elaborado con frutas frescas es muy apreciado por su delicado aroma y sabor; para hacerlo, se recomienda licuar solamente las frutas bien maduras. También se procesa industrialmente en pequeña escala para obtener pulpa concentrada, con la que se elaboran helados y mermeladas.

Cas (Costa Rican guava)

Cas is thought to have originated in the area from southern Mexico to northern South America. Costa Rica is perhaps the country with the highest rate of cultivation—commercial development there is still very limited, however. The best fruits come from the Central Valley. Like other members of this family, cas is plagued by the fruit fly. The fresh fruit drink made from cas is a Costa Rican favorite—it has a delicate aroma and a tangy taste. To make juice, it is best to select only fully ripened fruits. There is some small scale processing of concentrated pulp that is used to prepare ice cream and marmalade.

Acmena smithii (*Eugenia smithii*)
Myrtaceae (familia/family)

Lilly-pilly.

Lilly-pilly

Árbol originario de Australia. Produce ramilletes de pequeñas flores blancas y sus frutos son parecidos a la manzana de agua, pero más pequeños y con un atractivo color morado (a veces rosado).

Lilly-pilly

This tree is native to Australia. It produces clusters of small white flowers; the fruit is similar to that of the malay apple (p. 97), but smaller and with an attractive purple color (sometimes pink).

Psidium cattleianum
Myrtaceae (familia/family)

Guayaba rosa. *Rose Guava*.

Guayaba rosa (guayaba del Perú)

Por su follaje brillante, sus numerosos y pequeños frutos rojos, este arbusto es una excelente planta para el jardín. Cuando los frutos estan totalmente maduros, son dulces, ligeramente ácidos y tienen un sabor parecido a la fresa. Se pueden comer frescos o se cocinan para hacer jaleas.

Rose guava (strawberry guava)

This small shrub, which has attractive foliage and numerous, small, red fruits, is an ideal garden plant. When completely ripe, the fruits are sweet and aromatic, with a slightly strawberry-like flavor. They can either be eaten fresh or cooked to prepare jams.

Eugenia uniflora
Myrtaceae (familia/family)

El fruto de color rojo intenso es el apto para comer. *The pitanga is ready to eat when it turns deep red.*

Pitanga (cereza de cayena, pendanga, guinda)

Este hermoso arbusto es originario de Brasil y, al igual que el anterior, es apto para el jardín. Con sus frutos se puede hacer una deliciosa mermelada; para obtener un mejor sabor, se debe tener cuidado de cocinar solamente fruta bien madura y sin las semillas, pues estas tienen un olor y sabor ligeramente resinoso. Partidas por la mitad y sin semillas, se les agrega un poco de azúcar y, al cabo de unos minutos, se pueden usar en vez de fresas, para ensaladas de frutas o sobre helados.

Pitanga (Surinam-cherry)

This beautiful shrub, which is native to Brazil, makes a good garden plant. The fruits produce a delicious marmalade; for best results, before cooking the ripe fruits, remove the seeds in order to eliminate their slightly resin-like odor and taste. Pitangas work well as a strawberry substitute in salads or as a topping on ice cream: cut the fruit in half, remove the seeds, then add sugar and let sit for a few minutes.

Syzygium malaccensis (*Eugenia malaccensis*)
Myrtaceae (familia/family)

Manzana de agua. *Malay apple*.

Manzana de agua (malaya)

El follaje de color verde brillante de este árbol originario del sureste de Asia, hace un hermoso contraste con sus flores rojas, que semejan una brocha de afeitar o de maquillaje, y que crecen directamente sobre tronco y ramas; una vez fecundadas caen sus restos sobre el suelo formando una preciosa alfombra roja. La fruta tiene la pulpa suave y esponjosa, con un tenue aroma y gran cantidad de agua y se la encuentra en ferias y mercados durante un corto período en diferentes épocas del año; se puede consumir cruda o usar para la elaboración de conservas.

Malay Apple

This tree from Southeast Asia has dazzling green foliage that makes a remarkable contrast with the red, shaving-brush shaped flowers; interestingly, the flowers grow from both the trunk and the branches. Once pollinated, the petals fall off, making a beautiful and delicate red carpet on the surrounding ground. The pulp of the Malay apple is white, soft, and spongy, with a delicate aroma and high water content. It can be eaten fresh or in preserves and is available sporadically in Costa Rica at outdoor fairs and markets.

Syzygium jambos (*Eugenia jambos*)
Myrtaceae (familia/family)

Manzana rosa. *Rose apple.*

Manzana rosa (pomarosa)

Originario de Malasia, este árbol es muy usado como cerca viva por su gran rusticidad y facilidad para podarlo. Sus frutos son tanto o más fragantes que las rosas, e incluso se utilizan para la extracción de "aroma de rosas". Ocasionalmente se venden en la calle o en las ferias; se consumen frescos, y se recomienda evitar el consumo de las semillas pues se consideran tóxicas.

Rose Apple

This tree is originally from Malaysia. It is used widely in Costa Rica for living fences because it is hardy and because it is easy to prune. The fruits are as pungently fragrant as roses and are even used to produce a base for perfumes. Rose apples are occasionally found at roadside stands or in markets in Costa Rica. The fruit can be eaten fresh, but you must remove the seeds first as they are considered somewhat toxic.

Myrciaria cauliflora (*Eugenia cauliflora*)
Myrtaceae (familia/family)

Jaboticabas.

Jaboticabas

Originarias del Brasil, las jaboticabas (*Myrciaria jaboticaba*; *Myrciaria trunciflora* y *Myrciaria cauliflora*; esta última la más conocida y cultivada), son árboles bajos aptos para el jardín por sus características ornamentales; producen sus flores, y por tanto los frutos, en racimos cortos que crecen en el tronco y las ramas principales. Las frutas son esféricas, de color rojo oscuro, aproximadamente de dos centímetros de diámetro. La cáscara es dura y la pulpa rosada, ligeramente ácida y aromática. En apariencia y sabor se asemejan a las uvas. Se comen frescas, en jaleas y jugos, y se utilizan también para la elaboración de vinos. En Brasil se hace un licor muy fino a partir de la fermentación de los frutos.

Jaboticabas

The jaboticabas are native to Brazil. *Myrciaria cauliflora* (the most widely known—and most widely cultivated—jaboticaba), *Myrciaria jaboticaba*, and *Myrciaria trunciflora* are short trees that are often planted in gardens for their ornamental value. Flowers and fruits grow in short-stemmed bunches on the trunk and on some branches. The round, dark-red fruits are about 2 cm (.75 inches) in diameter. The skin or rind is tough; the pulp is rose-colored, slightly acidic, and aromatic. Jaboticabas are similar to grapes in appearance and taste. They can be eaten fresh, blended to make natural fruit drinks, or cooked to prepare jellies; they are also used to make wine. In Brazil, a liquor is made from the fermented fruits.

Pouteria sapota
Sapotaceae (familia/family)

Zapote. *Sapote.*

Zapote (mamey sapote, chachaas, tezonzapote)

En época de cosecha es bastante frecuente encontrar esta fruta, de origen americano, en distintos lugares de venta. Externamente es poco atractiva por su cáscara rugosa y de color café, pero su pulpa carnosa tiene un sabor dulce muy exótico, considerándose la fruta con el mayor contenido de azúcar. Debido a que se produce principalmente en árboles originados de semilla, su forma y calidad son muy variables. La fruta fresca debe consumirse madura (cuando está suave al tacto); es apta para hacer con ella batidos o helados con agua o leche; también se pueden confeccionar una serie de deliciosos postres.

En otros países se le dan varios usos culinarios a las semillas. En Costa Rica éstas se utilizan para confeccionar artesanías.

Sapote (mammee zapota)

Sapote is native to the Americas. During harvesting, it is commonly seen in Costa Rican markets. The brown, wrinkled skin of the fruit presents a somewhat drab appearance, but the fleshy pulp is exceedingly tasty and sweet—the fruit is thought to be higher in sugar content than any other tropical fruit. Because most fruits come from seed-planted trees, they vary significantly in shape and quality. Sapote should only be eaten when completely ripe (when it is soft to the touch). It is also used to make milk shakes, ice cream, and other desserts.

The large seed is used to prepare a number of dishes in other countries; in Costa Rica, it is used in the production of handicrafts.

Manilkara zapota
Sapotaceae (familia/family)

Níspero zapote. *Sapodilla medlar.*

Níspero zapote (chico zapote, chicle, zapotillo)

De este árbol se originó el chicle, el cual era extraído por la población indígena en la época precolombina. En las zonas tropicales húmedas de Guatemala y México aún se explotan los árboles silvestres, pero se ha perdido interés en este árbol desde la popularización de un producto sintético. Sus frutos son muy apreciados por su pulpa carnosa, dulce y más jugosa que el zapote. Se encuentran muchas variaciones en el tamaño, forma y color de la pulpa de estos frutos. Se consume cruda cuando está suave al tacto.

Sapodilla Medlar (chico zapote, chicle)

The sap of this tree is the original source of chicle (or chewing gum), which was extracted by indigenous peoples dating back to pre-Columbian times. In humid, tropical zones of Mexico and Guatemala, chicle is still sometimes harvested from wild trees, though synthetic substitutes have dramatically reduced the importance of that product.

The fruits are prized for their fleshy, sweet pulp, which is even juicier than that of the sapote (p. 103). Size, shape and pulp color of sapodilla medlar vary greatly. Ripe fruits are soft to the touch.

Chrysophyllum cainito
Sapotaceae (familia/family)

Caimito. *Star apple.*

Caimito (caimo)

Durante la época seca es común encontrar esta fruta, también originaria de América. Existen dos variedades: la morada y la verde. Cuando se parte por la mitad, la pulpa con las semillas semejan una estrella, de ahí su nombre en inglés. El árbol también tiene valor como ornamental por su hermoso follaje; sus hojas son de un verde brillante en la parte superior y doradas por el envés. La fruta se consume cuando está bien madura, partiéndola con un cuchillo y sacando la pulpa con una cuchara, tratando de no consumir cerca de la cáscara o de las semillas, debido al alto contenido de latex que contiene y que se pega a los labios; para evitar lo anterior se recomienda también frotarse los labios y alrededores con el lado opaco (envés) de las hojas del mismo árbol. En Jamaica y en la provincia de Limón se hace una bebida denominada "matrimonio", donde se mezcla la pulpa con el jugo de la naranja agria.

Star Apple

This fruit, which is native to the American tropics, is commonly found in Costa Rican markets during the dry season (Dec to April). There are two varieties: green and purple. When the fruit is cut in half, the pulp and the seeds form a star-like pattern, from which its English common name derives. The beautiful foliage of the tree makes it an ideal ornamental: the upper surface of the leaf is a brilliant green; the underside is gold-colored.

The fruit should be eaten when it is fully ripe. Cut it in half with a knife and scoop out the flesh with a spoon, but try to avoid eating flesh that is near the rind or the seeds, as both are high in latex content and the latex sticks to the lips. Rubbing the lips with the underside of the leaf apparently diminishes the stickiness of the latex.

A drink called "matrimony" is made in both Jamaica and the Costa Rican province of Limón. It is a mixture of star apple pulp and sour orange juice.

Synsepalum dulcificum
Sapotaceae (familia/family)

Fruta milagrosa. *Miraculous fruit.*

Fruta milagrosa

Su pequeño tamaño no tiene relación con la magnitud de la sensación azucarada que se produce al consumirla. El principio activo es la miracolina, usada por los fabricantes de medicamentos amargos para cambiar su sabor. Si después de masticar una de estas frutitas se prueba un limón ácido este sabrá totalmente dulce.

Miraculous Fruit

The small size of this fruit bears no relation to the magnitude of its intense sweetness. A key component of the fruit is miracolina, which is used by pharmaceutical manufacturers to sweeten the taste of bitter medicines. If you eat one of these fruits before biting into a sour lemon, the lemon will actually taste sweet.

Punica granatum
Punicaceae (familia/family)

Flores y frutos de la granada. *Pomegranates with their flowers.*

Granada

Nativo de Irán y del norte de la India, este pequeño árbol y sus frutos son muy vistosos y por ello se utilizan como ornamentales en los jardines de la Meseta Central de Costa Rica. En otros países, la fruta, seguramente de calidad superior a la que tenemos aquí, es muy apreciada.

La fruta está madura cuando adquiere una coloración rojiza y la cáscara comienza a partirse. Se separan los granos y se consumen mascándolos ligeramente para no moler las semillas, pues estas deben tragarse enteras, ya que son algo astringentes debido a su alto contenido en tanino. También se puede extraer el jugo con una exprimidora de naranjas, pero la diversión está en separar los granos con la mano y comerlos directamente.

Pomegranate

Native to Iran and northern India, this small tree (with very decorative fruits) is planted as an ornamental in gardens in the Central Valley of Costa Rica. In other countries, the fruit—undoubtedly of higher quality than what is produced in Costa Rica—is very popular.

Broken skin and a reddish hue are two indicators that the fruit is ripe. The seeds should either be eaten whole—along with the fruit itself—or spit out, as their tannin gives them an astringent taste. Juice can be extracted with a juicer, but that robs you of the fun challenge of extracting each "grain" and eating them one by one.

Macadamia integrifolia
Proteaceae (familia/family)

Flores, frutos, y semillas con cáscara. *Macadamia flowers, fruits, and seeds*.

Macadamia

En los últimos años, se han establecido plantaciones de este árbol originario de Australia en diversas zonas del país, especialmente para la exportación. Esta es una nuez con un alto contenido de aceite (70%) que puede comerse cruda, pero se consume preferentemente tostada, con o sin sal. También se utiliza en la elaboración de chocolates y turrones.

Macadamia (Queensland nut)

Macadamia is originally from Australia. In recent years, it has been planted in Costa Rica—in diverse zones of the country—principally for export. This nut has high oil content (70%). It can be eaten uncooked but it is usually roasted, with or without salt. Macadamia is also a key ingredient of many chocolate and nougat candies.

Hylocereus costarricensis
Cactaceae (familia/family)

Pitaya.

Pitaya (pitahaya de cardón)

Las pitayas son cactus del trópico americano y nativos de Costa Rica. Puede ser terrestres o epífitas, trepadoras o con crecimiento caído. Sus flores blancas, grandes y fragantes, solamente se abren por la noche. Los frutos presentan externamente unas escamas carnosas, que pueden ser de color verde amarillento, rosado o rojo. La pulpa presenta los mismos colores en tonos brillantes y con pequeñas semillas negras. En Costa Rica ya existen plantaciones, también es posible ver estos cactus creciendo sobre rocas y árboles en las zonas cálidas, y en las tapias de algunas viejas casas de la Meseta Central. Con los frutos de las variedades rojas se puede hacer un refresco de un color excepcional, muy atractivo para dar color a los cocteles. La fruta también se puede enfriar en el congelador y, partida por la mitad, comerse la pulpa con cuchara.

Pitaya (strawberry pear)

The pitaya is a cactus that is native to the American tropics; there are a number of species of pitaya. (*Hylocereus costarricensis* is native to Costa Rica, as its scientific name indicates.) Species of pitaya can be terrestrial or epiphytic, climbing or hanging. Their large, white, fragrant flowers open only at night. The fruit has fleshy scales that vary in color: greenish-yellow, rose, and red. The pulp, which is similarly varied in color, is soft, shiny, and full of seeds.

There are plantations of pitaya in Costa Rica, and it is possible to spot these plants growing on rocks or trees in warm areas, or on adobe walls of old houses in the Central Valley. The juice from fruits of the red variety has an exceptionally attractive color and is often added to fruit cocktails. To eat fresh, the fruit is often first chilled, then sliced in half.

Opuntia ficus-indica
Cactaceae (familia/family)

Tuna.

Tuna (nopal, chumbera)

Al igual que la pitaya, esta fruta es un cactus; se diferencia de aquella en que sus ramas son redondas y en que toda la planta, incluyendo los frutos, están cubiertos de espinas muy finas. Originaria de México, se adapta a climas secos. Dulce y muy refrescante, tiene un sabor parecido al melón, pero ligeramente ácido. Las espinas del fruto se cepillan y luego se lavan. Por lo general los frutos se venden ya limpios. Con un cuchillo se cortan ambos extremos, luego se hace un corte longitudinal y se pela fácilmente. Tiene una gran cantidad de semillas que se comen junto con la pulpa. También se usa en ensaladas de frutas. No debe abusarse de ella debido a su gran efecto laxante.

Tuna

Like the pitaya (p. 114), the tuna is a cactus. It has rounded branches; the entire plant, including fruits, is covered with very delicate spines. Native to Mexico, the tuna thrives in dry climates.

This sweet and refreshing fruit has a taste that is somewhat mellonlike, though slightly sour. Before eating, the delicate spines have to be scraped off the fruit (they generally appear in markets free of spines). To peel, first cut off both tips of the fruit, then make a longitudinal slice down the fruit. It has numerous seeds that are eaten along with the pulp. Tuna is often used to prepare fruit salads. Note, though, to avoid eating the fruit in large quantities, as it has a laxative effect.

Quararibea cordata
Bombacaceae (familia/family)

Zapote amarillo. *Chupa-chupa*.

Zapote amarillo (zapote colombiano, chupa-chupa)

Originaria del trópico húmedo, desde Costa Rica hasta Sudamérica, esta fruta es poco conocida en el país; sin embargo, se la encuentra a veces en las ferias del agricultor, en los meses de julio y agosto. También se la conoce como chupa-chupa por la forma en que se come: debido a las fibras que tiene la pulpa y a que está muy adherida a la semilla, solamente se puede chupar para extraer un jugo suavemente azucarado.

En la mayoría de los libros se señala el trópico húmedo de Sudámerica como el lugar de origen de este frutal, sin embargo el profesor Luis Poveda de la Universidad Nacional de Costa Rica reporta haberlo encontrado en el Parque Nacional Braulio Carrillo en Costa Rica.

Chupa-Chupa

Although the majority of books on the subject say that this tree originated in South America, Luis Poveda, a professor at the National University of Costa Rica, reports having found it growing wild in Braulio Carrillo National Park in Costa Rica. Thus, there are grounds for defining the geographical area of its native range as extending from Costa Rica to South America.

Though this is an uncommon fruit in Costa Rica, it can sometimes be found at farmers' markets in July and August. One of its common names in Spanish is *chupa-chupa* (suck-suck), which describes how the fruit is eaten: because the pulp fibers are attached to the seed, one must suck the pulp in order to extract the mildly sweet fruit.

Ficus carica
Moraceae (familia/family)

Frutos verdes de higo, se utilizan para conserva. *Unripe fruits are used to make preserves.*

Higo

De entre una familia de más de 1,000 especies tropicales –la mayor parte de las cuales son conocidas como "higuerones" o "árboles de hule"–, el higo es la única especie de origen subtropical. Este pequeño árbol es originario de Asia; en Costa Rica es cultivado en pequeña escala en las zonas altas.

Solamente se consume en conserva porque se cosecha cuando aún está verde, posiblemente porque no madura bien debido a la alta humedad ambiental. Es muy apetecido bajo la forma de fruta cristalizada o azucarada, que se vende en cajitas en muchos almacenes.

Fig

The fig belongs to a family of more than 1,000 tropical species; it is perhaps the only member of its family that is of subtropical origin (in Asia). Most trees in the Moraceae family are commonly known as either strangler trees or rubber trees.

In Costa Rica, fig trees are cultivated on a small-scale basis, at high elevations. They appear most commonly in markets as preserves—the figs are picked when still green, possibly due to the fact that high humidity does not favor maturation. Crystallized and sweetened figs, sold in small boxes, are a popular treat.

Artocarpus altilis
Moraceae (familia/family)

Fruta de pan. *Breadfruit*.

Fruta de pan y castaño (pan de pobre)

Este frutal se originó en el vasto territorio que se extiende entre Nueva Guinea y la Micronesia. Posiblemente fue introducido a América en los albores de la conquista, pero la principal introducción la realizó el Capitán Bligh, marinero inglés al que ya hicimos referencia.

Se conocen dos variedades de esta fruta, una sin semillas (fruta de pan) y la que tiene semillas (castaño). Cuando está madura, la fruta de pan se cocina y se adereza con azúcar y especias para comerla como postre. Cuando está verde se cocina y se consume como pan o verdura, reemplazando a las papas o a otros tubérculos, debido a su alto contenido de almidón. También se puede industrializar para elaborar una harina que es más nutritiva que la de trigo. Las semillas del castaño se comen cocinadas en agua con sal. Estas pueden utilizarse, reemplazando a la especie europea (*Castanea sativa*), para hacer el plato frances "Poulet au marron" (Pollo a la castaña). No se recomienda comer cruda esta fruta pues tiene un fuerte efecto purgante.

Breadfruit

This fruit originated in the vast territory that extends from New Guinea to Micronesia. It may have been introduced to the Americas during the early years of the Old World conquest, but official credit for its introduction is often given to Captain Bligh.

Two varieties of this fruit have been identified: breadfruit itself, which is seedless, and the *castaño*, with seeds.

When ripe, breadfruit is cooked, flavored with sugar and other spices, and served as a dessert. Green breadfruit is cooked and eaten as a substitute for potatoes or other root vegetables because of its high carbohydrate content. Breadfruit is also industrially processed to make a flour that actually has more nutritional value than wheat flour. It should not be eaten uncooked as it has a strong laxative effect.

The seeds of the *castaño* are first cooked in salt water before being eaten. These can be used instead of the European chestnut (*Castanea sativa*) to make the French dish *Poulet au marron* (chicken with chestnut).

Theobroma cacao
Sterculiaceae (familia/family)

La sustancia algodonosa que cubre las semillas se consume directamente. *The cottonlike substance that covers cacao seeds is edible.*

Cacao

El árbol de "cacahoaguahuitl" era conocido y venerado como manjar de los dioses. Según la historia azteca el cacao era el árbol que reinaba en el recinto del dios Quetzalcóatl, de ahí deriva su nombre científico *Theobroma*, en latín "manjar de los dioses".

Tanto en la época precolombina como en los inicios de la conquista, las semilllas de cacao fueron utilizadas como moneda. El sincretismo cultural dio origen a la bebida azucarada de chocolate, que se popularizó entre la aristocracia europea.

Los granos de cacao tienen un alto valor energético; son ricos en grasa, almidón, proteínas, vitaminas A, B y D, y minerales como hierro y fósforo. Por tener alcaloides como la teobromina y la cafeína, tiene propiedades estimulantes; un aceite esencial es el responsable de su agradable aroma.

El fruto es una mazorca de colores muy atractivos, que varía entre el verde, el rojo y el púrpura en el estado inmaduro, que posteriormente cambian a tonalidades amarillas y anaranjadas.

Las mazorcas crecen directamente sobre el tronco de este pequeño arbusto. Su habitat es el bosque húmedo, principalmente de la vertiente del Caribe.

Además de sus múltiples usos ampliamente conocidos, en Costa Rica se fabrica una bebida con los granos frescos. También se consume la sustancia algodonosa que cubre las semillas en los frutos inmaduros; es suave, dulce y ligeramente acídula.

Cacao (cocoa)

The Aztecs venerated cacao; their name for the tree was *cacahoaguahuitl*. In Aztec mythology, the cacao was a kind of deity in the realm of their principal god, Quetzalcóatl. The scientific name *Theobroma* means "food of the gods."

Seeds were used extensively as currency in pre-Columbian times and during the Spanish conquest. The chocolate drink prepared by the Aztecs was bitter; a sweetened chocolate drink later become popular among the European aristocracy.

Cacao seeds have high energetic value—they contain fat, starch, proteins, vitamins A, B, and D, and minerals such as iron and phosphorus. The seeds also contain two stimulant alkaloids: theobromine and caffeine. Cacao also contains an essential oil that gives it a pleasant aroma. The fruits are pods that have a range of attractive colors. When unripe, they are green, red, or purple;

as they ripen, they become yellow, orange, or yellowish-orange. The fruits grow directly on the trunk of the tree.

Cacao grows in humid tropical forests. In Costa Rica, it grows mainly on the Caribbean slope.

Some Costa Ricans make a drink from fresh cocoa seeds. The cotton-like substance that covers the seeds is edible when the fruit is unripe; this substance is soft, sweet, and slightly acidic.

Diospyros blancoi (*D. discolor*)
Ebenaceae (familia/family)

Mabolo.

Mabolo

Originario de las Filipinas, este árbol es poco cultivado en el país, y solo esporádicamente se le ve en las ferias del agricultor. Su cáscara es peluda, de olor fuerte y desagradable; después de eliminada se deja la pulpa en refrigeración y se come en trozos aderezados con jugo de limón; tiene un sabor suave y agradable con una textura parecida a la manzana.

Mabolo

Mabolo is native to the Philippines. There are few trees in Costa Rica and these fruits thus appear only sporadically in farmers' markets.

The skin, which is covered with hairs, has a strong, unpleasant aroma. To prepare the fruit, peel it and then refrigerate. When chilled, cut the fruit into small pieces and dress with lemon juice. It has a subtle, pleasant taste and its texture is similar to that of apples.

Byrsonima crassifolia
Malpighiaceae (familia/family)

Nance. *Nanzi*.

Nance

Aún cuando el nance es conocido en toda Centroamérica, se lo cultiva muy poco. Tiene sabor y aroma muy particulares; puede consumirse fresco o en conservas. En el país se elabora en forma semi casera un licor a partir de aguardiente de caña y nance. También se encuentra en los almacenes el vino y la crema de nance. El fruto fresco tiene tanto o más vitamina C que la naranja.

Nanzi

Although this fruit is well known throughout Central America, it is seldom cultivated there.

Nanzi has a distinctive taste and smell. It can be eaten fresh or cooked to make preserves. Fresh fruits contain at least as much vitamin C as does the orange.

In Costa Rica, the fruit is sometimes soaked in *guaro* (an alcohol made from cane sugar) to prepare a homemade liquor. Costa Rican markets sell the fresh fruit; you can also find nanzi wine and a nanzi-based cream product.

Tamarindus indica
Fabaceae (familia/family)
Caesalpinioideae (subfamilia/subfamily)

Hojas y frutas de tamarindo; en la fruta abierta se observa la pulpa. *Tamarind leaves and fruits; the fruit pulp is visible in these open fruits.*

Tamarindo

Originario del África tropical, el tamarindo es una fruta poco cultivada en el país. Se observan algunos árboles en las zonas cálidas que tienen un período prolongado de sequía, como por ejemplo en Orotina. Se vende en el mercado en forma de pulpa mezclada con "tapa de dulce", especie de azúcar morena producida en "trapiches", es decir, de manera semi-artesanal. Es recomendable hervir la pulpa con un poco de agua, colarla, diluirla y endulzar al gusto. Es una bebida ácida (según el azúcar agregada), muy refrescante y ligeramente laxante. A pesar de su acidez (debida al ácido tartárico) es rica en azúcares, lo que le confiere un alto valor calórico. Es además una fruta con alto contenido de calcio; también tiene cantidades importantes de hierro y vitaminas del grupo B.

Tamarind

The tamarind originated in tropical Africa. It is not widely cultivated in Costa Rica, though one of the areas where it is sometimes cultivated is in the area of Orotina, which has a warm climate and experiences a prolonged dry season.

The pulp of the fruit is sold in Costa Rican markets in a mixture that also contains *tapa de dulce*, a type of brown sugar produced by *trapiches*, which are small, rural sugar cane factories. To prepare the pulp at home, boil it in a small amount of water, strain it, and then mix with water and sugar. It has a slightly acidic flavor (depending on the amount of sugar added); it also has a mildly laxative effect.

Despite its acidity (due to tartaric acid), its natural sugar content is high, which consequently means the pulp has high caloric value. The fruit also has lots of calcium and significant levels of iron and B group vitamins.

Inga spp.
Fabaceae-Mimosoideae (familia/family)

Guaba.

Guabas (guamos, pacay)

Desde hace mucho tiempo se cultivan estos árboles para dar sombra a los cafetales y cacaotales. Existen varias especies y todas son comestibles. Los frutos o vainas presentan diferentes formas y tamaños, según la especie. La parte comestible es el arilo algodonoso de sabor dulce que rodea a la semilla. También se pueden comer las semillas tostadas o cocinadas con agua, y algunos artesanos las utilizan para elaborar sus productos.

Guabas

Guaba trees are often planted within coffee and cacao plantations to provide the shade that those crops require. In addition, several species produce edible fruits. The fruit, or pod, varies in size and shape depending on the species.

The edible part of the fruit is the sweet-tasting, cottonlike substance that surrounds the seed. The seeds themselves are edible after either having been boiled in water or toasted. They are also sometimes used in the production of handicrafts.

Morinda citrifolia
Rubiaceae (familia/family)

Noni.

Noni (fruto de queso, planta calmante)

El origen de esta especie es la Polinesia. Sus semillas tienen la propiedad de flotar, por ello el océano ha sido una fuente de diseminación.

El árbol de noni es pequeño, de 3 a 12 m, con hojas elongadas y brillantes, y constituye una bonita planta para el jardín. En Costa Rica crece sobre todo en la región Caribe. Es muy común encontrarlo en las cercas de las casas, principalmente a la orilla del mar; recientemente han surgido plantaciones comerciales, algunas de las cuales se han constituido en una alternativa de sobrevivencia para grupos de mujeres organizadas, como las de El Cairo de Siquirres, quienes no solo lo producen si no que también lo comercializan.

Del noni se aprovecha toda la planta. Entre otras funciones, las semillas se utilizan como laxante; las hojas para tratar diversos problemas de la piel; la corteza es usada como astringente, la raíz para aliviar la hipertensión, y las flores para los ojos adoloridos. El fruto se asemeja a una anona, es alargado y mide aproximadamente entre 5 y 10 cm de largo; de verde se torna blanquecino al madurar. Tiene un sabor amargo y despide un fuerte olor. Con fines medicinales se licúa, se pasa por un cedazo y se mezcla con jugos de frutas como naranja o uva, para mejorar su sabor.

Se mencionan más de 100 propiedades medicinales de esta fruta. Su valor alimenticio era conocido desde hace más de 2,000 años por los pueblos de Oriente. En los últimos años se ha popularizado en Costa Rica y se comercializa tanto el jugo como en cápsulas. Se le atribuye propiedades maravillosas para aliviar desde trastornos digestivos hasta menstruales. Es un regulador endocrino, regenerante celular, analgésico, antioxidante, vasodilatador, desintoxicante, antibacteriano y diurético.

Noni (Indian mulberry, morinda, canary wood)

Noni is native to Polynesia. The seeds float and thus the oceans have been a key agent of dissemination.

The tree is small (3 to 12 m) and has attractive, elongated leaves; it is an ideal tree for gardens. In Costa Rica, it most commonly occurs in the Caribbean region. Noni is usually planted as a living fence around houses, particularly those near the sea. Commercial production on plantations has recently begun to take off. It has even become a means for survival for some women's organizations. On of these, El Cairo, in Siquirres, grows and markets the fruit.

The entire noni plant is used. The seeds are a laxative; leaves are used to treat certain skin problems; the bark serves as an astringent; the root is used to treat hypertension; and the flowers are used to treat eye problems. The fruit, which somewhat resembles cherimoya (p. 27), has an oval shape and measures from approximately 5 to 10 cm (2 to 4 inches) in length. As it matures, the green skin turns whitish. Fresh fruits have a bitter flavor and a pungent odor.

For medicinal applications, the pulp of the fruit is mashed or liquefied, the seeds are removed, and then the pulp is blended with other fruits such as grape and orange to improve the taste of the concoction. More than 100 medicinal properties are cited for this fruit; its nutritional value has been recognized by some Asian societies for more than 2,000 years. In the last few years, noni has received quite a bit of publicity in Costa Rica. It is attributed with a wide range of medicinal properties, including efficacy in alleviating digestive disorders and in reducing menstrual pain. It is an endocrinal regulator, pain reliever, analgesic, antioxidant, vasodilator, antibacterial agent, detoxifier, and a diuretic ... or so its advocates claim.

Vitis spp.
Vitaceae (familia/family)

Plantación de uva de mesa, variedad Ruby seedless. Se observan los racimos cubiertos con bolsas de papel para protegerlos de insectos y pájaros. *Plantation of table grapes (Ruby seedless variety). The paper bags protect the crop from insects and birds.*

Uvas

Todas las variedades silvestres o cultivadas del genero *Vitis* se adaptan a una gran diversidad de climas. La más conocida es la vid europea o *Vitis vinifera*, también llamada uva de vino o de mesa, originaria de la región del Mar Negro. De esta especie se cultivan algunas variedades en Costa Rica, en pequeñas extensiones ubicadas en el Valle Central y en la provincia de Guanacaste, donde se obtienen dos cosechas al año, gracias a la implementación de técnicas de producción adaptadas a las condiciones tropicales de estas zonas. La variedad más exitosa ha sido la Ruby seedless. Otra especie estudiada es la uva muscadínea (*Vitis rotundifolia*), originaria de la región comprendida entre el sur de EUA y México. Aunque de menor calidad que la primera, tiene la ventaja de su resistencia a enfermedades y plagas y su

Variedad Ruby seedless. *Ruby seedless variety*.

alta productividad. Tiene valor como planta de huerta u ornamental.

La uva consumida como fruta fresca tiene grandes cualidades: alta en azúcares como glucosa y levulosa y alta en fibra, es diurética, laxante y rica en vitaminas, con excepción de la vitamina C. Contiene sustancias con efecto antioxidante, por lo que retarda el envejecimiento en general. También se consume en forma de pasas (las que no se producen en Costa Rica), en jaleas y vinos.

Uva muscadínea, originalmente de Norteamérica. *Muscadínea grape, native to North America.*

Grapes

Both wild and cultivated varieties of the genus *Vitis* are able to adapt to a wide variety of climates. The European grape (*Vitis vinifera*), which is native to the Black Sea region, is perhaps the best known; it is also referred to as the wine or table grape.

Some varieties of this species are cultivated in Costa Rica, on small plots of land in the Central Valley and in the province of Guanacaste; farmers are able to produce two crops per year because they have implemented production techniques specifically adapted to the climatic conditions of those zones. The Ruby Seedless has proved to be the most successful variety in Costa Rica. Another species under study is the muscadínea grape (*Vitis rotundifolia*), which is native to the southern United States and Mexico. Although of inferior quality to *Vitis vinifera*, it is resistant to diseases and plagues and it produces lots of grapes. It is also suitable as an ornamental garden plant.

Fresh grape juice is very good for the health. It is high in fiber and it is both a diuretic and a laxative; it is also rich in vitamins (with the exception of vitamin C). And, it contains antioxidant substances that retard the aging process.

Grapes are also eaten in the form of raisins (not produced in Costa Rica) and cooked to prepare jellies. There is even limited production of wine in Costa Rica.

Bibliografía / Bibliography

AVILÁN, LUIS; LEAL, FREDDY; BAUTISTA, DÁMASO. 1988. Manual de Fruticultura. Cultivo y Producción. Edit. América, C.A. Caracas. Venezuela. I Edición. 1475 p.

BARAONA, MARCIA Y SANCHO, ELLEN. 1991. Fruticultura Especial. Fascículo 1; Cítricos; Fasc. 2: Aguacate y Mango; Fasc. 3: Piña y Papaya; Fasc. 4: Coco, Pejibaye, Guayaba y Cas; Fasc. 5: Guanábana y Macadamia; Fasc. 6: Manzana, Melocotón, Fresa y Mora. Edit. EUNED. San José. Costa Rica.

BARAONA, MARCIA. 1993. Uvas muscadíneas. Boletín Agrario N° 44. Escuela de Ciencias Agrarias. UNA. Heredia. Costa Rica. 10 p.

LEÓN, JORGE. 1987. Botánica de los cultivos tropicales. Edit. IICA. San José. Costa Rica. 445 p.

MORTON, JULIA. 1987. Fruits of warm climates. Edit. J.F.M. Miami. Fl. 505 p.

OLAYA, CLARA INÉS. 1990. Frutas tropicales. Edic. Ekaré. Caracas. Venezuela. 75 p.

ROSS, MARJORIE. 1995. Las frutas del paraíso The fruits of paradise. Edit. UCR. San José. Costa Rica, 241 p.

SANCHO, ELLEN; BARAONA, MARCIA. 1997. Frutas del Trópico/Fruits of the tropics. 1ª ed. Sancho y Baraona. San José. Costa Rica. 56 p.

SANCHO, ELLEN; BARAONA, MARCIA. 1999. Frutas del Trópico/Fruits of the tropics. 2ª ed. Sancho y Baraona. San José. Costa Rica. 64 p.

WU TIEN-LU; ARAYA, EDDA. 1993. Técnicas de manejo en el cultivo de uva (Vitis vinífera) variedad Ruby Seedless, Granja Modelo-INA. Instituto Nacional de Aprendizaje, Misión Técnica Agrícola de la República de China (Taiwán). San José. Costa Rica. 54 p.

141

Índice visual / Visual Index

Cocos nucifera • 11
Coco / Coconut

Bactris gasipaes • 13
Pejibaye / Pejibaye

Ananas comosus • 16
Piña / Pineapple

Musa acuminata • 18
Banano / Banana

Solanum quitoense • 21
Naranjilla / Naranjilla

Solanum sessiliflorum • 23
Cocona / Cocona

Cyphomandra betacea • 24
**Tomate de palo /
Tree Tomato**

Physalis peruviana • 25
Uchuba / Cape Gooseberry

Annona cherimola • 27
Anona / Cherimoya

Annona muricata • 29
Guanábana / Soursop

Persea americana • 31
Aguacate / Avocado

Chrysobalanus icaco • 33
Icaco / Icaco

Licania platypus • 35
**Zapote mechudo /
Monkey-apple**

Eriobotrya japonica • 37
Níspero del Japón / Loquat

Rubus adenotrichus • 39
Mora Vino / Blackberry

143

Garcinia mangostana • 71
Mangostán / Mangosteen

Mammea americana • 73
Mamey / Mamey

Garcinia madruno • 75
Madroño / Madroño

Passiflora ligularis • 77
**Granadilla /
Sweet Granadilla**

Passiflora quadrangularis • 79
**Granada real /
Giant Granadilla**

Passiflora edulis var. flavicarpa • 81
Maracuyá / Passion Fruit

Carica papaya • 83
Papaya / Papaya

Carica pubescens • 85
Papayuela / Mountain Papaya

Carica x heilbornii • 87
Babaco / Babaco

Psidium guajava • 88
Guayaba / Guava

Eugenia stipitata • 90
Arazá / Arazá

Psidium friedrichsthalianum • 91
Cas / Cas

Acmena smithii • 93
Lilly-pilly / Lilly-pilly

Psidium cattleianum • 94
Guayaba rosa / Rosa Guava

Eugenia uniflora • 95
Pitanga / Pitanga

Syzygium malaccensis • 97
**Manzana de agua /
Malay Apple**

Syzygium jambos • 99
Manzana rosa / Rose Apple

Myrciaria cauliflora • 101
Jaboticabas / Jaboticabas

Pouteria sapota • 103
Zapote / Sapote

Manilkara zapota • 105
**Níspero zapote /
Sapodilla Medlar**

Chrysophyllum cainito • 107
Caimito / Star Apple

Synsepalum dulcificum • 109
**Fruta milagrosa /
Miraculous Fruit**

Punica granatum • 111
Granada / Pomegranate

Macadamia integrifolia • 113
Macadamia / Macadamia

Hylocereus costarricensis • 114
Pitaya / Pitaya

Opuntia ficus-indica • 116
Tuna / Tuna

Quararibea cordata • 118
**Zapote amarillo /
Chupa-Chupa**

Ficus carica • 120
Higo / Fig

Artocarpus altilis • 122
Fruta de pan / Breadfruit

Theobroma cacao • 124
Cacao / Cacao

Diospyros blancoi • 127
Mabolo / Mabolo

Byrsonima crassifolia • 129
Nance / Nanzi

Tamarindus indica • 131
Tamarindo / Tamarind

Inga spp. • 133
Guabas / Guabas

Morinda citrifolia • 135
Noni / Noni

Vitis spp. • 137
Uvas / Grapes

Índice de nombres en español
Spanish Names Index

A
agrios, 51
aguacate, 31
aki, 69
anona, 27
arazá, 90
arrayán, 91
averrhoa, 47

B
babaco, 87
badea, 79
banano, 18
bolsa de amor, 25
bilimbi, 49

C
cacao, 125
caimito, 107
caimo, 107
cajú, 57
cambur, 18
capulí, 25
carambola, 47
cas, 91
castaño, 122
cereza de cayena, 95
cerillo, 75
chachaas, 103
chamburo, 87
chicle, 105
chico zapote, 105
chihualcan, 85
chirimoya, 27
chontaduro, 13
chumbera, 117
chupa-chupa, 118
ciruela, 59
cítricos, 51
coco, 11
cocona, 23
cozoiba, 75

D
durazno criollo rojo, 43

F
fresas, 45
fruta bomba, 83
fruta de mono, 75
fruta milagrosa, 109
fruta de pan, 122
fruta de queso, 135

G
granada, 111
granada real, 79
granadilla, 77
graviola, 29
grosella china, 49
guabas, 133
guamos, 133
guanaba, 29
guanábana, 29
guayaba, 88
guayaba agria, 91
guayaba del Amazonas, 90
guayaba del Perú, 94

guayaba rosa, 94
guayo, 63
guinda, 95

H
higacho, 87
higo, 121

I
icaco, 33

J
jaboticabas, 101
jobo colorado, 59
jobo de la India, 61
jocote, 59

L
lechosa, 83
lichi, 67
lilly-pilly, 93
litchi, 67
lulo, 21

M
mabolo, 127
macadamia, 113
macao, 63
madroño, 75
malaya, 97
mamey, 73
mamey de Sto. Domingo, 73
mamey zapote, 103
mamón, 63
mamón chino, 65, 67
mango, 55
mangostán, 72
manzana, 41

manzana de agua, 97
manzana de oro, 61
manzana rosa, 99
maracuyá, 81
marañón, 57
matasano, 53
merey, 57
mimbro, 49
mora vino, 39
muco, 63

N
nance, 129
naranjilla, 21
níspero del Japón, 37
níspero zapote, 105
noni, 135
nopal, 117

P
pacay, 133
palo de seso, 69
palta, 31
pan de pobre, 122
papaya, 83
papaya chilena, 85
papaya de montaña, 85
papayuela, 85
parcha, 81
parcha granadina, 79
parchita maracuyá, 81
pejibaye, 13
pepino de las Indias, 49
pendanga, 95
pera roja, 69
piña, 16
pipa, 11
pitahaya de cardón, 114

pitanga, 95
pitaya, 114
planta calmante, 135
plátano, 18
pomarosa, 99

R
rambután, 65

S
seso vegetal, 69

T
tamarindo, 131
tezonzapote, 103
topiro, 23
tomate de palo, 24
tomate de árbol, 24
tuna, 117

U
uchuba, 25
uvas, 137

Y
yuplón, 61

Z
zapote, 103
zapote amarillo, 118
zapote colombiano, 118
zapote blanco, 53
zapote mamey, 73
zapote mechudo, 35
zapotillo, 105
zonzapote, 35
zunza, 35

English Names Index
Índice de nombres en inglés

A
akee, 70
ambarella, 62
apple, 42
arazá, 90
averrhoa, 18
avocado, 32

B
babaco, 87
banana, 20
blackberry, 40
breadfruit, 123

C
cacao, 125
canary wood, 136
cape gooseberry, 26
carambola, 48
cas, 92
cashew, 58
cherimoya, 28
chicle, 106
chico zapote, 106
chupa-chupa, 119
citric fruits, 52
cocoa, 125
cocona, 23
coconut, 12
coco plum, 34
Costa Rican guava, 92
cucumber tree, 50

F
fig, 121

G
giant granadilla, 80
golden apple, 62
goldenberry, 26
grapes, 139
grenadilla, 78
guabas, 134
guanabana, 30
guava, 89

I
icaco, 34
Indian mulberry, 136

J
Jamaica plum, 60
jew-plum, 62
jaboticabas, 102

L
lichi, 68
lilly-pilly, 93
loquat, 38
lychee, 68

M
mabolo, 128
macadamia, 113
madroño, 76
Malay apple, 98
mamey, 74
mammee zapota, 104
mammey apple, 74
mamon, 64
mango, 56

mangosteen, 72
matasano, 54
mimbro, 50
miraculous fruit, 110
monkey-apple, 36
morinda, 136
mountain papaya, 86

N
nanzi, 130
naranjilla, 22
noni, 136

P
papaw, 84
papaya, 84
pawpaw, 84
peach palm, 14
pejibaye, 14
pineapple, 17
pitanga, 96
pitaya, 115
plantain, 20
pomegranate, 112
purple mombin, 60
purple passion fruit, 82

Q
Queensland nut, 113

R
rambosteen, 66
rambutan, 66
red Ceylon peach, 44

red mombin, 60
rose guava , 94
rose apple, 100

S
sapodilla medlar, 106
sapote, 104
sorrell, 50
soursop, 30
star apple, 108
star fruit, 48
strawberries, 46
strawberry guava, 94
strawberry pear, 115
Surinam-cherry, 96
sweet granadilla, 78

T
tamarillo, 24
tamarind, 132
tree tomato, 24
tuna, 117

V
vegetable brain, 70

W
white sapote, 54

Y
yellow passion fruit, 82

Z
zunza, 36

Índice de nombres científicos
Scientific Name Index

Acmena smithii, 93
Anacardium occidentale, 57
Ananas comosus, 16
Annona cherimola, 27
Annona muricata, 29
Artocarpus altilis, 122
Averrhoa bilimbi, 49
Averrhoa carambola, 47
Bactris gasipaes, 13
Blighia sapida, 69
Byrsonima crassifolia, 129
Carrica papaya, 83
Carica pubescens, 85
Carica x *heilbornii*, 87
Casimiroa edulis, 53
Chrysobalanus icaco, 33
Chrysophyllum cainito, 107
Citrus spp., 51
Cocos nucifera, 11
Cyphomandra betacea, 24
Diospyros blancoi, 127
Eriobotrya japonica, 37
Eugenia stipitata, 90
Eugenia uniflora, 95
Ficus carica, 120
Fragaria spp., 45
Garcinia madruno, 75
Garcinia mangostana, 71
Hylocereus costarricensis, 114
Inga spp., 138
Licania platypus, 35
Litchi chinensis, 67
Macadamia integrifolia, 113
Malus pumila, 41

Mammea americana, 73
Mangifera indica, 55
Manilkara zapota, 105
Meliccocus bijugatus, 63
Morinda citrifolia, 135
Musa acuminata, 18
Myrciaria cauliflora, 101
Nephelium lappaceum, 65
Opuntia ficus-indica, 116
Passiflora edulis var. *flavicarpa*, 81
Passiflora ligularis, 77
Passiflora quadrangularis, 79
Persea americana, 31
Physalis peruviana, 25
Pouteria sapota, 103
Prunus persica, 43
Psidium cattleianum, 94
Psidium friedrichsthalianum, 91
Psidium guajava, 88
Punica granatum, 111
Quararibea cordata, 118
Rubus adenotrichus, 39
Solanum quitoense, 21
Solanum sessiliflorum, 23
Spondias dulcis, 61
Spondias purpurea, 59
Synsepalum dulcificum, 109
Syzygium jambos, 99
Syzygium malaccensis, 97
Tamarindus indica, 131
Theobroma cacao, 124
Vitis spp., 137